新思想进乡村

曹立 等 ◎ 编著

XIN SIXIANG JIN XIANGCUN

中共中央党校出版社

图书在版编目（CIP）数据

新思想进乡村 / 曹立等编著. --北京：中共中央党校出版社，2024.6

ISBN 978-7-5035-7722-2

Ⅰ.①新… Ⅱ.①曹… Ⅲ.①农村—社会主义建设—研究—中国 Ⅳ.①F320.3

中国国家版本馆CIP数据核字（2024）第090908号

新思想进乡村

责任编辑	席　鑫　王新焕
责任印制	陈梦楠
责任校对	王明明
出版发行	中共中央党校出版社
地　　址	北京市海淀区长春桥路6号
电　　话	（010）68922815（总编室）　（010）68922233（发行部）
传　　真	（010）68922814
经　　销	全国新华书店
印　　刷	中煤（北京）印务有限公司
开　　本	710毫米×1000毫米　1/16
字　　数	158千字
印　　张	14
版　　次	2024年6月第1版　2024年6月第1次印刷
定　　价	67.00元

微　信　ID：中共中央党校出版社　　邮　箱：zydxcbs2018@163.com

版权所有·侵权必究

如有印装质量问题，请与本社发行部联系调换

本书编委会名单

主　任　曹　立

副主任　李向平　王　磊

编　委（按姓氏笔画排序）

　　　　　王全民　刘　旭　刘震子　孙　林

　　　　　李志明　李媛媛　赵　柯　赵　培

　　　　　秦真英　高悭惟　郭兆晖　曹雪森

　　　　　阎荣舟　梁慧敏　董明发

前　言

习近平新时代中国特色社会主义思想源自实践，又指导实践，在指引我们认识世界、改造世界的过程中，展现出巨大的现实解释力和实践引领力，是全党全国各族人民的思想之旗、精神之魂。

为深入推进这一思想"飞入寻常百姓家"，在广大乡村落地生根，进而不断巩固乡村思想阵地、夯实乡村执政基础、激发乡村振兴活力，我们依据中宣部编印的《习近平新时代中国特色社会主义思想学习纲要》《习近平新时代中国特色社会主义思想学习问答》以及有关权威性学习教材，组织十余名曾经在基层挂职或参与过扶贫和乡村振兴工作的中共中央党校（国家行政学院）专家教授，编写了《新思想进乡村》一书。

此书紧跟时代步伐，聚焦理论热点，回应乡村干部和群众关切，分十个章节，采用图文并茂、通俗易懂的表现形式，系统展现了习近平新时代中国特色社会主义思想的科学体系、核心要义和实践要求，为在乡村广泛开展习近平新时代中国特色社会主义思想学习教育和培训工作提供了很好教材。

目 录

第一章　中国特色社会主义进入新时代 ········· 1
　第一节　中国特色社会主义进入新时代是我国发展新的历史方位········ 2
　第二节　我国社会主要矛盾变化是关系全局的历史性变化········ 11
　第三节　新时代我国农业农村工作的主要变化········ 14

第二章　中国共产党领导是中国特色社会主义最本质的特征········ 21
　第一节　中国共产党领导是中国特色社会主义最本质的特征的
　　　　　深刻内涵········ 22
　第二节　新时代坚持党对农业农村工作的全面领导········ 26
　第三节　新时代新征程上不断坚持和完善党的领导体制机制········ 32

第三章　以中国式现代化推进中华民族伟大复兴········ 39
　第一节　中国式现代化是党领导人民长期探索和实践的重大成果········ 40
　第二节　中国式现代化是一种全新的人类文明形态········ 46
　第三节　没有农业农村现代化就没有整个国家的现代化········ 56

第四章　统筹推进"五位一体"总体布局········ 63
　第一节　以新发展理念引领经济高质量发展········ 64

第二节　发展社会主义民主政治……………………73
　　第三节　带领人民创造更加幸福美好生活…………79

第五章　坚持以人民为中心的发展思想……………89
　　第一节　永远把人民对美好生活的向往作为奋斗目标……90
　　第二节　依靠人民创造历史伟业………………………93
　　第三节　朝着实现全体人民共同富裕不断迈进………103

第六章　协调推进"四个全面"战略布局……………111
　　第一节　全面建成社会主义现代化强国………………112
　　第二节　将全面深化改革进行到底……………………117
　　第三节　全面推进依法治国……………………………122
　　第四节　坚定不移全面从严治党………………………126

第七章　统筹发展和安全，推进祖国统一……………133
　　第一节　坚决维护国家主权、安全、发展利益………134
　　第二节　把人民军队全面建成世界一流军队…………139
　　第三节　坚持"一国两制"和推进祖国统一…………143

第八章　推动构建人类命运共同体……………………151
　　第一节　始终不渝走和平发展道路……………………152
　　第二节　促进"一带一路"国际合作…………………156
　　第三节　推动建设新型国际关系………………………161
　　第四节　积极参与引领全球治理体系改革和建设……167

第九章　掌握马克思主义思想方法和工作方法 … 173
第一节　必须坚持人民至上 … 174
第二节　必须坚持自信自立 … 176
第三节　必须坚持守正创新 … 178
第四节　必须坚持问题导向 … 182
第五节　必须坚持系统观念 … 185
第六节　必须坚持胸怀天下 … 188

第十章　用习近平新时代中国特色社会主义思想武装起来全面推进乡村振兴战略 … 191
第一节　乡村振兴战略的由来 … 192
第二节　乡村振兴战略的构架 … 195
第三节　走中国特色社会主义乡村振兴之路 … 202

后　记 … 210

第一章

中国特色社会主义进入新时代

党的二十大报告指出:"十年来,我们经历了对党和人民事业具有重大现实意义和深远历史意义的三件大事:一是迎来中国共产党成立一百周年,二是中国特色社会主义进入新时代,三是完成脱贫攻坚、全面建成小康社会的历史任务,实现第一个百年奋斗目标。"[①]中国特色社会主义进入新时代是党的十九大提出的中国发展新的历史方位。党的十八大以来,在以习近平同志为核心的党中央坚强领导下,我们坚持把解决"三农"问题作为全党工作的重中之重,取得了历史性成就。以习近平同志为核心的党中央,高举中国特色社会主义伟大旗帜,坚定不移沿着中国特色社会主义道路前进,推动中国特色社会主义进入新时代,创立了习近平新时代中国特色社会主义思想,对中国特色社会主义事业进行科学战略部署,开启全面建设社会主义现代化国家新征程,引领中华民族伟大复兴进入新的历史阶段。从中华民族伟大复兴战略全局来看,民族要复兴,乡村必振兴。

[①] 习近平:《高举中国特色社会主义伟大旗帜 为全面建设社会主义现代化国家而团结奋斗——在中国共产党第二十次全国代表大会上的报告》,人民出版社2022年版,第4页。

第一节　中国特色社会主义进入新时代是我国发展新的历史方位

"辨方位而正则"①。在党的十九大报告中，习近平总书记指出："经过长期努力，中国特色社会主义进入了新时代，这是我国发展新的历史方位。"②在庆祝中国共产党成立100周年大会上的讲话中，习近平总书记明确指出，"党的十八大以来，中国特色社会主义进入新时代"③。"新时代"不是新概念，"新时代中国特色社会主义"或"中国特色社会主义新时代"则是全新理念。准确把握新时代中国特色社会主义所处的历史方位，科学认识中国特色社会主义进入新时代所具有的重大意义，致力实现中国特色社会主义新时代所面临的主要任务，是需要持续深化研究的理论和实践课题。

一、新时代是中国特色社会主义的新时代

鸦片战争以后，为了拯救国家蒙辱、人民蒙难、文明蒙尘的危局，近代中国的仁人志士尝试过许多主义和思潮、许多道路和方案，但都失败了。习近平总书记指出："一个国家实行什么样的主义，关

---

① （东汉）张衡：《东京赋》。
② 习近平：《决胜全面建成小康社会　夺取新时代中国特色社会主义伟大胜利——在中国共产党第十九次全国代表大会上的报告》，人民出版社2017年版，第10页。
③ 习近平：《在庆祝中国共产党成立100周年大会上的讲话》，人民出版社2021年版，第6—7页。

键要看这个主义能否解决这个国家面临的历史性课题。"[①]在比较与鉴别中，社会主义成为解决中国前途和命运的最佳和最终选择。历史证明，社会主义没有辜负中国，中国没有辜负社会主义。

开创、坚持、捍卫、发展中国特色社会主义，是改革开放以来中国共产党的全部理论和实践的主题。中国特色社会主义是科学社会主义理论逻辑、中国社会发展历史逻辑、改革开放实践逻辑的辩证统一，是全面建成小康社会、全面建设社会主义现代化国家、实现中华民族伟大复兴的必由之路。中国特色社会主义进入新时代，既是党和国家事业取得历史性成就、发生历史性变革的必然结果，也是当代中国社会主要矛盾发生深刻变化的必然要求，同时又是中国共产党人对中国的社会主义与世界的资本主义之间的关系、中国的社会主义与世界的社会主义之间的关系、中国特色社会主义的共同理想与未来共产主义的远大理想之间的关系深化认知的必然逻辑。新时代是中国特色社会主义发展的重要里程碑，它承前启后、继往开来，从总目标、总任务、总体布局、战略布局和发展方向、发展方式、发展动力、战略步骤、外部条件、政治保证等方面进行顶层设计，续写中国特色社会主义这篇大文章。新时代的生动实践和理论创新，使我们党对社会主义和中国特色社会主义的认识、对社会主义建设规律和中国特色社会主义建设规律的把握达到了前所未有的新高度。

---

① 《习近平著作选读》第1卷，人民出版社2023年版，第75页。

二、新时代是中国共产党致力跳出治乱兴衰历史周期率、实现长期执政的时代

新民主主义革命时期，中国共产党有过较长时间、较为丰富的局部执政的实践尝试。针对黄炎培提出的如何跳出政权兴衰的历史周期率之问，毛泽东给出了答案，即"只有让人民来监督政府，政府才不敢松懈"①，这就是"民主"的新路。面对即将在全国范围执政的考验，毛泽东在党的七届二中全会上告诫全党同志，"务必使同志们继续地保持谦虚、谨慎、不骄、不躁的作风，务必使同志们继续地保持艰苦奋斗的作风"②。习近平总书记指出："毛泽东同志当年提出'两个务必'，确实是高瞻远瞩啊！"③

党的十八大以来，习近平总书记多次强调要"深刻认识红色政权来之不易，新中国来之不易，中国特色社会主义来之不易"④，强调要科学总结国际共产主义运动特别是苏联东欧国家共产党兴衰成败的经验教训。在党的十九届六中全会第二次全体会议上的讲话中，习近平总书记专门提到"窑洞对"，指出："我们党历史这么长、规模这么大、执政这么久，如何跳出治乱兴衰的历史周期率？""经过百年奋斗特别是党的十八大以来新的实践，我们党又给出了第二个答案，这就是自我革命。"⑤习近平总书记一再强调，"我们要牢记打铁必须自身硬

---

① 《毛泽东思想年编（一九二一——一九七五）》，中央文献出版社2011年版，第439页。
② 《毛泽东选集》第4卷，人民出版社1991年版，第1438—1439页。
③ 习近平：《论中国共产党历史》，中央文献出版社2021年版，第25页。
④ 习近平：《论中国共产党历史》，中央文献出版社2021年版，第110页。
⑤ 《习近平著作选读》第2卷，人民出版社2023年版，第559页。

的道理，增强全面从严治党永远在路上的政治自觉""确保党不变质、不变色、不变味，确保党在新时代坚持和发展中国特色社会主义的历史进程中始终成为坚强领导核心"。①从民主到自我革命、从"两个务必"到"两个确保"，旨在实现中国共产党长期执政，把红色江山世世代代传下去。新时代的生动实践和理论创新，使我们党对执政规律的认识、对长期执政规律的把握达到了前所未有的新高度。

三、新时代是中国共产党团结带领中国人民以不可阻挡的坚定步伐、不可逆转的历史进程实现中华民族伟大复兴的时代

中华民族拥有在5000多年历史演进中形成且绵延不绝的灿烂文明，为人类文明进步作出了卓越贡献。鸦片战争以后，中华民族呈现在世界面前的则是一派衰败凋零的景象。习近平总书记多次强调，实现中华民族伟大复兴，是近代以来中国人民和中华民族最伟大的梦想。实现中华民族伟大复兴，是中国共产党一切奋斗、一切牺牲、一切创造恒定的主题。中国共产党团结带领中国人民，先后为实现中华民族伟大复兴创造了根本社会条件，奠定了根本政治前提和制度基础，提供了充满新的活力的体制保证和快速发展的物质条件，中华民族实现了从站起来到富起来的伟大飞跃。

党的十八大以来，中国共产党继续团结带领中国人民，自信自强、守正创新，统揽伟大斗争、伟大工程、伟大事业、伟大梦想，创造了新时代中国特色社会主义的伟大成就，为实现中华民族伟大复兴

---

① 《习近平著作选读》第2卷，人民出版社2023年版，第487页。

提供了更为完善的制度保证、更为坚实的物质基础、更为主动的精神力量，中华民族迎来了从富起来到强起来的伟大飞跃。实现中华民族伟大复兴的要旨就是，在宽广的世界视野中，使中华民族重现曾经拥有的辉煌，屹立于世界民族之林、引领时代浩荡潮流；在悠远的历史视野中，使中华民族重新塑造伟岸的样貌，在21世纪凤凰涅槃、浴火重生。今天，中华民族向世界展现的是一派欣欣向荣的气象，中华文明的光彩再次闪耀在人类历史的浩瀚长空，实现中华民族伟大复兴正以不可阻挡的步伐进入不可逆转的历史进程。新时代的生动实践和理论创新，使我们党对中华民族和中华文明的认识、对中华民族伟大复兴实现规律的把握达到了前所未有的新高度。

四、新时代是中国共产党团结带领中国人民实现全体人民共同富裕、实践全过程人民民主、全面建成社会主义现代化强国、不断创造人民美好生活的时代

中国共产党一经诞生，就始终把人民立场作为根本立场，把为人民谋幸福作为初心使命，把坚持全心全意为人民服务作为根本宗旨。我国社会主要矛盾转化为人民日益增长的美好生活需要和不平衡不充分的发展之间的矛盾，是推动中国特色社会主义进入新时代的现实依据。解决这一主要矛盾，是新时代的主要努力方向，重点聚焦民生和民主问题，即实现全体人民共同富裕、实践全过程人民民主。

党的十八大以来，习近平总书记一再强调，"人民对美好生活的向往就是我们的奋斗目标"[①]，"实现共同富裕，是社会主义的本质要

[①] 《习近平著作选读》第2卷，人民出版社2023年版，第164页。

求，是我们党的重要使命"①。我们党坚持以人民为中心的发展思想，以前所未有的力度推动实现共同富裕，使人民的生活一天比一天更加美好。民主与民生相辅相成。中国共产党领导人民实行人民民主，就是保证和支持人民当家作主，用奋斗创造美好生活。在2021年7月庆祝中国共产党成立100周年大会和2021年10月中央人大工作会议上的讲话中，习近平总书记都强调，发展全过程人民民主。从人民民主到全过程人民民主，是民主理论和实践的双重跃升。全过程人民民主，是新时代中国共产党人的创新和创造，是中国特色社会主义民主政治的新实践和新成就。民生与民主，是社会主义现代化建设的题中应有之义。全面建成小康社会，乘势而上，迈上全面建成富强民主文明和谐美丽的社会主义现代化强国新征程，中国将实现从"赶上时代"到"引领时代"的伟大跨越。新时代的生动实践和理论创新，使我们党对现代化的认识、对社会主义现代化建设规律的把握达到了前所未有的新高度。

五、新时代是世界社会主义再现生机活力、重新走向振兴的时代

中国特色社会主义进入新时代，使科学社会主义的强大生机在21世纪的中国共产党人手中再度被激活。党的十九大报告明确使用了"世界社会主义"的概念。基于世界社会主义特别是科学社会主义的发展历程，我们曾长期坚持这样的结论：社会主义经历了从空想到科

---

① 《习近平扶贫论述摘编》，中央文献出版社2018年版，第13页。

学、从理论到制度、从一国到多国的发展。

具体来说，唯物史观和剩余价值学说这两大发现，使社会主义从空想变为科学；经历了1848年失败的欧洲革命、1871年短暂存在的巴黎公社，1917年十月革命胜利后，俄国建立起世界上第一个无产阶级政权，社会主义从科学的理论变为现实的制度；十月革命后，经历了1918—1923年短暂的多国无产阶级政权时期，第二次世界大战结束后，社会主义从一国实践发展为多国实践；在之后的世界社会主义建设中，既有过从初步探索改革到难以为继的夭折历程，也有过从初步探索改革到苏联解体、东欧剧变的迷向、改向历程，社会主义遭受严重挫折；同时，还有着从初步探索改革到全面深化改革的负重奋进，中国以及其他社会主义国家的探索和成就，特别是中国共产党人把中国特色社会主义推进到新时代，使社会主义逐步走出低谷、重新走向振兴。

党的十九届六中全会通过的《中共中央关于党的百年奋斗重大成就和历史经验的决议》指出，"马克思主义中国化时代化不断取得成功""使世界范围内社会主义和资本主义两种意识形态、两种社会制度的历史演进及其较量发生了有利于社会主义的重大转变"。[1]中国特色社会主义进入新时代表明，"历史终结论"彻底终结，"社会主义失败论"彻底破产。可以说，新时代中国特色社会主义，是21世纪世界社会主义最为重要、最有作为的建设者和引领者，是21世纪世界社会主义的中流砥柱。新时代的生动实践和理论创新，使我们党对科学社会主义

---

[1] 《中共中央关于党的百年奋斗重大成就和历史经验的决议》，人民出版社2021年版，第63、63—64页。

的认识、对世界社会主义发展规律的把握达到了前所未有的新高度。

六、新时代是中国共产党团结带领中国人民成功走出中国式现代化新道路、推动人类社会向前发展、为人类作出新的更大贡献的时代

世界怎么了，中国怎么办？"人类正处在一个特殊的历史时期""人类社会正在经历百年来最严重的传染病大流行""世界经济正在经历上世纪三十年代大萧条以来最严重的衰退""世纪疫情和百年变局交织""国际格局深刻演变"[①]，这是习近平总书记对当今世界所处时代方位的科学判断以及对当今世界所呈现复杂形势的准确把握。

新中国成立后，从"一五"计划到"十四五"规划，社会主义现代化建设是中国共产党和中国人民一以贯之的主题，并成功走出中国式现代化新道路。中国式现代化新道路，新就新在它依靠自身发展和艰苦奋斗实现现代化，它坚持以人民为中心、以实现人民对美好生活的向往为目标，它推动经济社会全面发展、人与自然和谐共生，它追求世界和平发展。习近平总书记指出，"通向现代化的道路不止一条，只要找准正确方向、驰而不息，条条大路通罗马"[②]。中国共产党创造的国家治理经验，如全面从严治党，勇于自我革命，以党中央的集中统一领导统筹推进"五位一体"总体布局、协调推进"四个全面"战略布局，续写了经济快速发展奇迹、社会长期稳定奇迹新篇

[①] 《习近平外交演讲集》第2卷，中央文献出版社2022年版，第293、287、287、332、160页。

[②] 《习近平外交演讲集》第2卷，中央文献出版社2022年版，第96页。

章。中国共产党提出的国家治理智慧，成功走出一条适合中国国情的治理道路，不断完善和发展中国特色社会主义制度，推进国家治理体系和治理能力现代化。中国共产党贡献的全球治理方案，如推动构建新型国际关系，推动共建"一带一路"高质量发展，推动构建人类命运共同体，弘扬并践行全人类共同价值，既为中国人民谋幸福、为中华民族谋复兴，也为人类谋进步、为世界谋大同。毛泽东曾提出"中国应当对于人类有较大的贡献"[1]，新时代中国共产党人宣示要"为人类作出新的更大的贡献"[2]，充分彰显着胸怀天下的世界情怀和大国担当。大国具有"大国之重"，大党"就要有大的样子"。新时代的生动实践和理论创新，使我们党对人类文明进步的认识、对人类社会发展规律的把握达到了前所未有的新高度。

以习近平同志为核心的党中央领航擘画新时代，在治国理政创新实践中形成了原创性思想、变革性实践、突破性进展和标志性成果。自党的十八大以来，我们党科学回答了一系列中国之问、世界之问、人民之问、时代之问，铸就了马克思主义经典作家所生动比喻的"一天等于二十年"[3]的伟大时代。中国特色社会主义新时代是一个仍在继续发展的历史进程，面对快速变化且充满机遇与挑战的世界和中国，中国共产党将继续解码新的中国之问、世界之问、人民之问、时代之问，以高度的历史自觉、坚定的历史自信，把握历史主动，创造新的历史伟业。

---

[1]《毛泽东文集》第7卷，人民出版社1999年版，第157页。
[2]《习近平著作选读》第2卷，人民出版社2023年版，第47页。
[3]《马克思恩格斯选集》第4卷，人民出版社2012年版，第448页。

第二节 我国社会主要矛盾变化是关系全局的历史性变化

一、我国社会主要矛盾的历史演变

人类社会是在矛盾运动中不断向前发展的，社会主要矛盾是各种社会矛盾的主要根源和集中反映，在社会矛盾运动中居于主导地位。社会主要矛盾经由需要状况、供给状况以及这二者之间的关系状况，体现着一定时代社会发展的总体状况。实际上，整个人类社会的一切活动，从根本上都同需要和供给以及这二者之间的关系有关。从宏观来看，我国的经济、政治、文化、社会、生态、军事、外交等领域的发展，归根结底是要解决需要与供给之间的关系问题。从中观来看，各个地区、各个部门、各个单位、各个组织所做的一切工作，都是为了满足人民群众的需要，满足社会的需要，服务党和国家发展的需要。从微观来看，一切个人的活动都是为了满足自己的需要或满足他人、社会、国家的需要。由此来看，要认识和把握时代发展、社会发展的总体状况，就必须从人们的需要状况、供给状况以及这二者之间的关系状况入手。抓住主要矛盾带动全局工作，是唯物辩证法的要求，也是我们党一贯倡导和坚持的方法。推动党和国家事业不断向前发展，必须找准我国社会的主要矛盾。

关于我国社会主要矛盾的提法，1956年党的八大指出："我们国内的主要矛盾，已经是人民对于建立先进的工业国的要求同落后的农业国的现实之间的矛盾,已经是人民对于经济文化迅速发展的需要同当前经济文化不能满足人民需要的状况之间的矛盾。"①这个论断,是符合当时我国实际的。但是后来发生"左"的错误,背离了党的八大关于我国社会主要矛盾的正确判断。改革开放以后,我们党在对历史经验和我国国情作出科学分析的基础上,对党的八大关于社会主要矛盾的提法作了进一步概括,提出我国社会的主要矛盾是"人民日益增长的物质文化需要同落后的社会生产之间的矛盾"。我们党根据这一论断制定和坚持了正确的路线方针政策,推动中国特色社会主义事业取得了巨大成就。随着改革开放的深入推进,中国特色社会主义的深入发展,我国社会主要矛盾发生了重大变化。2017年习近平总书记在党的十九大报告中指出:"中国特色社会主义进入新时代,我国社会主要矛盾已经转化为人民日益增长的美好生活需要和不平衡不充分的

■ 我国社会主要矛盾变化

---

① 《建国以来重要文献选编》第9册,中央文献出版社1994年版,第341页。

发展之间的矛盾。"①这一重大政治论断，反映了我国社会发展的客观实际，指明了解决当代中国发展主要问题的根本着力点，丰富发展了马克思主义关于社会矛盾的学说。

二、新时代社会主要矛盾变化的要求

社会主要矛盾，在本质上就是围绕需要和供给之间的矛盾关系来确定的。正是在揭示人们的生活和生产、需要和供给之间的关系及其内在矛盾运动过程中，马克思发现了人类历史发展的一般规律。"我国社会主要矛盾已经转化为人民日益增长的美好生活需要和不平衡不充分的发展之间的矛盾"这句话，"和"之前，讲的是"需要方"；"和"之后，则讲的是"供给方"。由此可见，唯物史观是分析社会主要矛盾的哲学方法论。

改革开放以来，我国稳定解决了十几亿人的温饱问题，总体上实现小康，并全面建成小康社会，人民美好生活需要日益广泛，不仅对物质文化生活提出了更高要求，而且在民主、法治、公平、正义、安全、环境等方面的要求日益增长。同时，我国社会生产力水平总体上显著提高，社会生产能力在很多方面进入世界前列，更加突出的问题是发展不平衡不充分。发展不平衡，主要指各区域各领域各方面发展不够平衡，存在"一条腿长、一条腿短"的失衡现象，制约了整体发展水平提升。发展不充分，主要指一些地区、一些领域、一些方面还存在发展不足的问题，发展的任务仍然很重。发展不平衡不充分问

---

① 习近平：《决胜全面建成小康社会 夺取新时代中国特色社会主义伟大胜利——在中国共产党第十九次全国代表大会上的报告》，人民出版社2017年版，第11页。

题，已经成为满足人民日益增长的美好生活需要的主要制约因素。发展是动态过程，不平衡不充分是永远存在的，平衡是相对的，但当发展到了一定阶段后不平衡不充分成为社会主要矛盾的主要方面时，就必须下功夫去认识它、解决它，否则就会制约发展全局。

新时代我国社会主要矛盾的变化是关系全局的历史性变化，对党和国家工作提出了许多新要求。要在继续推动发展的基础上，着力解决好发展不平衡不充分问题，大力提升发展质量和效益，更好满足人民在经济、政治、文化、社会、生态等方面日益增长的需要，更好推动人的全面发展、社会全面进步。但需要明确的是，我国社会主要矛盾的变化，没有改变我们对我国社会主义所处历史阶段的判断，我国仍处于并将长期处于社会主义初级阶段的基本国情没有变，我国是世界最大发展中国家的国际地位没有变。要牢牢把握社会主义初级阶段这个基本国情，牢牢立足社会主义初级阶段这个最大实际，牢牢坚持党的基本路线，既不落后于时代，也不脱离实际、超越阶段。

第三节　新时代我国农业农村工作的主要变化

中国特色社会主义40多年的发展，已取得举世瞩目的成就，创造了"中国奇迹"。事实已经证明，中国特色社会主义是历史的结论、人民的选择，具有无与伦比的优越性。中国特色社会主义有着独特的历史逻辑，它不是自然生成的，而是在党和人民长期实践探索中被证明是适合中国发展的正确选择和根本成就，是党和人民在新时代为实现历史使命和奋斗目标必须长期坚持的必然选择。党的十九大报告指出，经过长期努力，中国特色社会主义进入了新时代，这是我国发展新的历史方位。作为重中之重的农业农村工作，理所当然地，也进入了一个新时代。那么，进入了新时代的农业农村，到底有哪些重大变化和重大特征呢？

一、将农业农村工作上升为党和国家重大工作

农业农村农民问题是关系国计民生的根本性问题，农业农村工作是党和国家重大工作之一，也是"三农"工作的代称。自中国共产党成立以来，中央发布了20余个以农村为主题的中央一号文件，始终将解决好"三农"问题作为关系党和国家事业全局的根本性问题。历史和现实都告诉我们，农为邦本，本固邦宁。我们要坚持用大历史观来看待农业农村农民问题，只有深刻理解了"三农"问题，才能更好理解我们这个党、这个国家、这个民族。

中国是一个农业大国，中国的事情办得如何，农业的发展状况具有决定性意义。党的十一届三中全会前，我国农村存在经营管理过于集中和分配中的严重平均主义等弊端，严重挫伤了农民的生产积极性，农业发展和农民生活改善比较缓慢。1978年，我国还有2.5亿人口没有解决温饱问题。党的十一届三中全会以后，在解放思想、实事求是精神的鼓舞下，中国农民创造了以家庭承包为主要形式的包产到户、包干到户等生产责任制。1980年5月，邓小平对包产到户给予

明确肯定，有力地推动了以家庭联产承包责任制为主要内容的农村改革。1980年9月，中央下发《关于进一步加强和完善农业生产责任制的几个问题》，肯定在生产队领导下实行的包产到户，不会脱离社会主义轨道。中国农民创造的家庭联产承包责任制，把生产队的统一经营与家庭的分户经营结合起来，把农民的切身利益同产量密切联系起来，这突破了多年来把包产到户等同于分田单干和走资本主义道路的观念。随后，家庭联产承包责任制在我国逐步推开，解决了农村体制的重大问题，推动了中国农业的发展，带动了整个改革和建设事业的发展。

党的十八大以来，党中央坚持把解决好"三农"问题作为全党工作的重中之重，把脱贫攻坚作为全面建成小康社会的标志性工程，组织推进人类历史上规模空前、力度最大、惠及人口最多的脱贫攻坚战，启动实施乡村振兴战略，推动农业农村取得历史性成就、发生历史性变革。农业综合生产能力上了大台阶，农民收入大幅增长，农村民生显著改善，乡村面貌焕然一新。贫困地区发生翻天覆地的变化，解决困扰中华民族几千年的绝对贫困问题取得历史性成就，为全面建成小康社会作出了重大贡献，为开启全面建设社会主义现代化国家新征程奠定了坚实基础。党的二十大描绘了以中国式现代化推进中华民族伟大复兴的宏伟蓝图，同年，习近平总书记在中央农村工作会议上对全面推进乡村振兴、加快建设农业强国作出战略部署。习近平总书记强调："全党务必充分认识新发展阶段做好'三农'工作的重要性和紧迫性，坚持把解决好'三农'问题作为全党工作重中之重，举全党全社会之力推动乡村振兴，促进农业高质高效、乡村宜居宜业、农民富裕富足。"①我们必须看到,全面建设社会主义现代化国家,实现中华民族伟大复兴,最艰巨最繁重的任务依然在农村,最广泛最深厚的基础依然在农村。

■ 中国民生银行帮扶河南滑县建设的小麦"民生田"即将丰收

二、及时调整"三农"工作的重心

经过几十年特别是近年来的努力,2021年我们如期完成脱贫攻坚目标任务,全党全国、各行各业特别是脱贫地区广大干部群众都付出了艰辛努力。脱贫攻坚取得胜利,充分彰显了党的领导和我国社会主义制度的政治优势,向全世界展现了我们党领导亿万人民创造的人间奇迹。随着脱贫攻坚工作的圆满完成,"三农"工作的重心也开始发生变化。在2020年底召开的中央农村工作会议上,习近平总书记指出:

---

① 习近平:《论"三农"工作》,中央文献出版社2022年版,第5页。

新思想进乡村

"在向第二个百年奋斗目标迈进的历史关口……巩固拓展脱贫攻坚成果，全面推进乡村振兴，加快农业农村现代化，是需要全党高度重视的一个关系大局的重大问题。"①"脱贫攻坚取得胜利后，要全面推进乡村振兴，这是'三农'工作重心的历史性转移。"②我们要深入学习贯彻习近平总书记重要讲话精神，坚决守住脱贫攻坚成果，接续推进巩固拓展脱贫攻坚成果同乡村振兴有效衔接，全面推进乡村振兴。

全面建设社会主义现代化国家，实现中华民族伟大复兴，最艰巨最繁重的任务依然在农村。我国发展不平衡不充分的问题仍然突出，巩固拓展脱贫攻坚成果的任务依然艰巨。我们必须坚持系统观念，从全面建设社会主义现代化国家、逐步实现全体人民共同富裕的高度，认识和把握巩固拓展脱贫攻坚成果与乡村振兴有效衔接。加强前瞻性思考、全局性谋划、战略性布局、整体性推进，聚焦脱贫地区发展中存在的突出问题，顺应高质量发展要求，把推进农业农村现代化作为解决发展不平衡不充分问题的重要抓手，着力补短板、强弱项，下好巩固拓展脱贫攻坚成果的先手棋。以慎终如始的态度、扎实过硬的作风，把巩固拓展脱贫攻坚成果抓得细之又细，坚决防止出现规模性返贫；把衔接乡村振兴的绣花功夫下得实之又实，建立健全长效机制，确保实现全面脱贫到乡村振兴的平稳过渡，向着共同富裕的目标不懈奋斗。乡村振兴工作比脱贫攻坚工作任务更加重、更加复杂，我们要在巩固脱贫攻坚、精准扶贫成果的基础上，全面推进乡村振兴工作，加强顶层设计，以更有力的举措、汇聚更强大的力量来推进。

---

① 习近平：《论"三农"工作》，中央文献出版社2022年版，第1—2页。
② 《习近平的小康情怀》，人民出版社2022年版，第222页。

第一章　中国特色社会主义进入新时代　01

■ 驻村第一书记陈双萍（中）和工作队队员来到生态园与技术员陈金生（右）查看培育的木耳

三、坚持走中国特色社会主义乡村振兴道路

实施乡村振兴战略，坚持走中国特色社会主义乡村振兴道路，加快推进农业农村现代化，是习近平经济思想的重要内容，是习近平新时代中国特色社会主义思想的组成部分。党的十九大以来，习近平总书记从党和国家事业发展全局的战略高度，对实施乡村振兴战略发表了一系列重要讲话，作出了一系列重要指示，提出了一系列乡村振兴的新理念、新论断、新观点，为全面推进乡村振兴提供了根本指导和行动指南。

党的十九大在党和国家事业发展的历史上第一次提出乡村振兴战略。2021年11月，国务院印发了《"十四五"推进农业农村现代化规划》，对乡村振兴战略作出重要规划部署，明确指出：到2025年，农业基础更加稳固，乡村振兴战略全面推进，农业农村现代化取得重要

· 19 ·

进展。梯次推进有条件的地区率先基本实现农业农村现代化，脱贫地区实现巩固拓展脱贫攻坚成果同乡村振兴有效衔接。展望2035年，乡村全面振兴取得决定性进展，农业农村现代化基本实现。实施乡村振兴战略，是以习近平同志为核心的党中央确立的新的重大战略，是以习近平同志为核心的党中央从党和国家事业发展全局作出的重大战略决策，推进乡村振兴是全国自上而下统一部署的全面行动。因此，在乡村振兴的工作实践中，必须把握好全面推进乡村振兴的战略部署，把握好全面推进乡村振兴的政策安排，把握好全面推进乡村振兴的顶层设计，把握好全面推进乡村振兴的总体要求，用顶层设计指导全面推进乡村振兴的伟大实践，确保全面推进乡村振兴的各项工作始终沿着正确航道前行。

第二章

中国共产党领导是中国特色社会主义最本质的特征

党的二十大报告指出："明确中国特色社会主义最本质的特征是中国共产党领导，中国特色社会主义制度的最大优势是中国共产党领导，中国共产党是最高政治领导力量"①。在党和国家重大工作实践中，我们可以看到，坚持和加强党的全面领导、坚持党对一切工作的领导成为新时代党治国理政的鲜明主题。农村工作是新时代党和国家的重大工作，中国共产党带领全国各族人民在脱贫攻坚、乡村振兴工作上取得一系列举世瞩目的工作成绩。党的二十大报告在总结新时代伟大成就上指出，我们坚持精准扶贫、尽锐出战，打赢了人类历史上规模最大的脱贫攻坚战，历史性地解决了绝对贫困问题，为全球减贫事业作出了重大贡献。未来在实现巩固拓展脱贫攻坚成果同乡村振兴有效衔接、加快推进农业现代化、大力实施乡村建设等工作上，我们要继续坚持和完善党对农村工作的全面领导，在实际工作中不断坚持和完善党的领导制度和体制机制，为坚持和发展中国特色社会主义提供强大政治保障。

---

① 习近平：《高举中国特色社会主义伟大旗帜　为全面建设社会主义现代化国家而团结奋斗——在中国共产党第二十次全国代表大会上的报告》，人民出版社2022年版，第6页。

第一节　中国共产党领导是中国特色社会主义最本质的特征的深刻内涵

习近平总书记指出:"党政军民学,东西南北中,党是领导一切的。坚持党的领导,首先是坚持党中央权威和集中统一领导,这是党的领导的最高原则,任何时候任何情况下都不能含糊、不能动摇。"[1] 坚持党的领导,在新时代坚持和发展中国特色社会主义基本方略中处于首要,在我国国家制度和治理体系中位居统领,是党和国家的根本所在、命脉所在,是全国各族人民的利益所在、幸福所在。

一、党的领导权问题是马克思主义建党学说的一个重大问题

党的领导权问题是马克思主义建党学说的一个重大问题。马克思主义认为,自从社会化大生产发展起来后,人类的生产活动更需要高度的组织与协调、有力的指挥与权威。无产阶级政党是先进生产力和先进生产关系的代表,在建立和建设新社会、领导社会革命的进程中,必须形成统一的步伐、一致的行动,掌握对各种社会力量、社会资源、社会活动的领导权。只有党成为领导核心,才能团结带领人民汇聚起创造历史、改变世界的磅礴力量。列宁明确指出:"国家政权的一切政治经济工作都由工人阶级觉悟的先锋队共产党领导"[2]。在国

---

[1] 习近平:《论坚持党对一切工作的领导》,中央文献出版社2019年版,第158—159页。
[2] 《列宁全集》第42卷,人民出版社2017年版,第381页。

家制度和国家治理体系中，党是决定整个系统运行的"命门"，是最高政治领导力量。

中国共产党从战争年代确立"党指挥枪""支部建在连上"的根本原则，建设时期强调"工、农、商、学、兵、政、党这七个方面，党是领导一切的"①，到改革开放后强调"坚持四项基本原则"，再到新时代将"中国共产党领导是中国特色社会主义最本质的特征"载入宪法，党的领导始终是党和国家事业兴旺发达的"定海神针"。历史和现实反复证明，中国共产党具有强大领导力执政力，是我国政治稳定、经济发展、民族团结、社会稳定的根本点，是风雨来袭时中国人民最可靠的主心骨、定盘星。

二、党的领导必须是全面的、系统的、整体的

党的二十大报告指出："党的领导是全面的、系统的、整体的，必须全面、系统、整体加以落实。"②在我国，国家治理体系是由众多子系统构成的复杂系统，这个系统的核心是中国共产党，形象地说就是"众星捧月"。人大、政府、政协、监委、法院、检察院、军队，各民主党派和无党派人士，各企事业单位，工会、共青团、妇联等群团组织，都要坚持中国共产党领导，一个都不能少。哪个领域、哪个方面、哪个环节缺失了弱化了，都会削弱党的力量，损害党和国家事业。

加强党的领导这一要求不是空洞的、抽象的。党的领导，体现

---

① 《毛泽东文集》第8卷，人民出版社1999年版，第305页。
② 习近平：《高举中国特色社会主义伟大旗帜　为全面建设社会主义现代化国家而团结奋斗——在中国共产党第二十次全国代表大会上的报告》，人民出版社2022年版，第64页。

在党的科学理论和正确路线方针政策上，体现在党的执政能力和领导水平上，体现在党的政治判断力、政治领悟力、政治执行力上，同时也体现在党的严密组织体系和强大组织能力上。党的十八大以来，我们采取一系列重大措施，扭转了一些地方和部门存在的党的领导弱化、党的建设缺失现象，使党的领导得到全面加强。但也要清醒看到，有的党组织还存在弱化、虚化、边缘化问题，党委腰杆不硬、浑身乏力，党的领导落实到基层还有不少"中梗阻"，有的同志对党的领导理解不全面不深刻，对党全面执政存在模糊认识。习近平总书记指出："坚持党的领导是方向性问题，必须旗帜鲜明、立场坚定，决不能羞羞答答、语焉不详，决不能遮遮掩掩、搞自我麻痹。"[①]坚持党的领导，不能只停留在口头表态上，必须落实到行动上，切实贯彻和体现到改革发展稳定、内政外交国防、治党治国治军各个领域各个方面，确保党始终总揽全局、协调各方。

当然，党领导一切并不是说党要包揽包办一切，并不是事无巨细都抓在手上，要防止越俎代庖，陷入事务主义。需要特别指出的是，在坚持和加强党的全面领导问题上，一些人把它与过去党的一元化领导简单等同起来，这种认识是错误的。党的一元化领导是抗日战争时期开始形成的领导制度，当时各根据地长期被分割，为了适应严酷的战争环境，需要党对军、政、民实施统一领导，这对于统一全党的思想意志、有效集中各种资源、推动革命根据地发展，最终取得中国革命的胜利发挥了重要作用。但后来计划经济时期，在"左"的错误思想影响下，加之民主与法制不健全，导致权力过分集中，政企不分、

---

① 习近平：《论坚持党对一切工作的领导》，中央文献出版社2019年版，第223页。

政事不分、政社不分，出现"家长制""一言堂"，党的一元化领导被极端化和教条化，给党和国家事业带来严重破坏。改革开放以来，我们不断深化对共产党执政规律的认识，特别是党的十八大以后，针对一段时期党的领导被忽视、淡化、弱化的状况，我们党提出坚持和加强党的全面领导，这与过去的一元化领导既有联系又有不同。党的全面领导既坚持党的集中统一领导原则，坚持党是最高政治领导力量，又坚持民主集中制、发扬党内民主，坚持党的领导与人民当家作主、依法治国有机统一。习近平总书记明确指出："党中央是坐镇中军帐的'帅'，车马炮各展其长，一盘棋大局分明。"[①]党、政、军、民、学在党中央的集中统一领导下，既各司其职、各负其责，又相互配合，这样治国理政才有方向、有章法、有力量。否则就会出现各自为政、一盘散沙的局面，不仅我们确定的目标不能实现，而且必定会产生灾难性后果。

坚持和加强党的全面领导，关系党和国家前途命运。全党要增强"四个意识"、坚定"四个自信"、做到"两个维护"，自觉在思想上政治上行动上同以习近平同志为核心的党中央保持高度一致。要健全总揽全局、协调各方的党的领导制度体系，完善坚定维护党中央权威和集中统一领导的各项制度，完善党领导各项事业的具体制度等，不断提高党科学执政、民主执政、依法执政水平，确保党始终成为中国特色社会主义事业的坚强领导核心。

[①] 中共中央党史和文献研究院编：《习近平新时代中国特色社会主义思想学习论丛》第5辑，中央文献出版社2020年版，第39页。

第二节　新时代坚持党对农业农村工作的全面领导

强国必先强农，农强方能国强。党的十八大以来，以习近平同志为核心的党中央高度重视"三农"工作，站在统筹中华民族伟大复兴战略全局和世界百年未有之大变局的高度，引领推进新时代农业农村现代化事业发展，带领全党全国各族人民为农业强、农村美、农民富不懈奋斗，推动农业农村取得历史性成就、发生历史性变革。习近平总书记强调，办好农村的事情，实现乡村振兴，关键在党。深入实施乡村振兴战略，必须加强和改善党对"三农"工作的集中统一领导，充分发挥党把方向、谋大局、定政策、促改革的主心骨作用，提高党全面领导新时代"三农"工作的能力和水平。

一、党管农村工作是我们党的优良传统

坚持中国共产党领导符合马克思主义关于无产阶级政党先进性的要求，实践表明，无产阶级政党要想凝聚阶级之力发展社会主义，就必须有具有先进性的政党的集中统一领导，这个政党需要领导一切革命、建设与改革，代表一切无产阶级与广大人民群众的根本利益。

党管农村工作，是我们党的优良传统，是我国农业农村发展取得历史性成就、发生历史性变革的根本原因。在革命、建设、改革的历史时期，我们党都把解决好"三农"问题作为关系党和国家事业全

局的根本性问题。中国共产党成立初期,就充分认识到中国革命的基本问题是农民问题,把为广大农民谋幸福作为重要使命。1925年10月,我们党组建农民运动委员会与党的宣传部、组织部、职工运动委员会、军事委员会并列,开展相关工作。土地革命时期,党的组织工作和政权工作重心全部集中在农村,1929年中央决定将农民运动委员会的一切问题交由中央常委会讨论,奠定了党领导农村工作的格局。社会主义革命和建设时期,我们党领导农民开展互助合作,发展集体经济,大兴农田水利,大办农村教育和合作医疗,极大改变了农村贫穷落后的面貌。改革开放以来,我们党领导农民率先在农村发起改革,推行家庭联产承包责任制,兴办乡镇企业,鼓励农民进城务工,统筹城乡经济社会发展,农业农村发生了翻天覆地的变化。党的十九大提出实施乡村振兴战略,总要求是"产业兴旺、生态宜居、乡风文明、治理有效、生活富裕"[①],涵盖农村"五位一体"总体布局和乡村"五大振兴",涉及领域广、目标要求高,绝不是轻轻松松、敲锣打鼓就能实现的。只有继承和发扬党管农村工作的宝贵传统,坚持加强和改善党对"三农"工作的领导,把坚持农业农村优先发展作为现代化建设的一个重大原则,精心做好顶层设计,统筹协调、整体推进、督促落实,才能凝聚起实施乡村振兴的磅礴力量,才能始终沿着中国特色社会主义乡村振兴道路阔步前进,推动农业全面升级、农村全面进步、农民全面发展。

坚持党领导"三农"工作原则不动摇。习近平总书记强调,"党

[①] 习近平:《决胜全面建成小康社会 夺取新时代中国特色社会主义伟大胜利——在中国共产党第十九次全国代表大会上的报告》,人民出版社2017年版,第32页。

管农村工作是我们的传统,这个传统不能丢"①,必须提高党把方向、谋大局、定政策、促改革的能力和定力,确保党始终总揽全局、协调各方,提高新时代党全面领导农村工作能力和水平,各级党委和政府要深入贯彻党中央关于"三农"工作的大政方针和决策部署,强化粮食安全保障,稳住农业基本盘,巩固拓展好脱贫攻坚成果,扎实推进乡村振兴,推动实现农村更富裕、生活更幸福、乡村更美丽。

二、坚持和改善党对农村工作的集中统一领导

用习近平总书记关于"三农"工作的重要论述武装头脑。党的十八大以来,习近平总书记对做好"三农"工作作出一系列重要论述。这是我们党"三农"工作理论创新的最新成果,是习近平新时代中国特色社会主义思想的重要组成部分,是新时代做好"三农"工作、实施乡村振兴战略的强大思想武器。加强党对乡村振兴的集中统一领导,首先就要在全党尤其是"三农"工作干部中开展一次大学习,提高政治站位,增强"四个意识",用习近平总书记关于"三农"工作的重要论述武装头脑、指导实践、推动工作。

党的十八大以来,党中央从全局角度部署农村工作,不断完善党领导农村工作的体制机制,健全党委全面统一领导、政府负责、党委农村工作部门统筹协调的农村工作领导体制。加强党对"三农"工作的全面领导,各级党委要扛起政治责任,落实农业农村优先发展的方针,以更大力度推动乡村振兴。建立实施乡村振兴战略领导责任制,

---

① 中共中央党史和文献研究院编:《习近平新时代中国特色社会主义思想学习论丛》第5辑,中央文献出版社2020年版,第15页。

实行中央统筹、省负总责、市县抓落实的工作机制。党委和政府一把手是第一责任人，五级书记齐抓乡村振兴。县委书记要把主要精力放在"三农"工作上，要下大气力抓好"三农"工作，当好乡村振兴的"一线总指挥"。选优配强乡镇领导班子、村"两委"成员特别是村党支部书记。要突出抓基层、强基础、固基本的工作导向，推动各类资源向基层下沉，为基层干事创业创造更好条件。建设一支政治过硬、本领过硬、作风过硬的乡村振兴干部队伍，选派一批优秀干部到乡村振兴一线岗位，把乡村振兴作为培养锻炼干部的广阔舞台。不断吸引各类人才在乡村振兴中建功立业，激发广大农民群众的积极性、主动性、创造性。

三、党领导农业农村工作重心转向全面推进乡村振兴

习近平总书记强调，脱贫攻坚取得胜利后，要全面推进乡村振兴，这是"三农"工作重心的历史性转移。把乡村振兴战略作为新时代"三农"工作总抓手，"全面推进乡村振兴的深度、广度、难度都不亚于脱贫攻坚，决不能有任何喘口气、歇歇脚的想法，要在新起点上接续奋斗，推动全体人民共同富裕取得更为明显的实质性进展"[①]。随着脱贫攻坚工作的圆满完成，乡村振兴工作的相关部署进入关键阶段，乡村振兴工作要比脱贫攻坚工作任务更重更复杂，并且乡村振兴更需要顶层设计，因此党领导乡村振兴工作相关体制机制也悄然发生了变化。以前中央财办曾与中央农办"合署办公"、交

---

① 习近平：《论"三农"工作》，中央文献出版社2022年版，第49—50页。

叉任职，因为当时的中央农办负责对农村、农业经济工作领域的重大问题作出决策，"合署办公"、交叉任职更有利于部署农村经济工作。2018年的机构改革则明确将"中央农村工作领导小组办公室设在农业农村部"[①]，是因为此时脱贫攻坚工作进入关键时期，而涉及"三农"工作的部门特别多，虽然新组建的农业农村部整合了这些部门的很多职能，但光靠一个政府部门的整合力度去推进工作显然是不够的，所以必须将中央农办设在农业农村部。有了中央农办的加持，农业农村部的相关统筹部署工作更好地向下推动，从而保证了脱贫攻坚工作的圆满完成。根据资料显示，现在中央农办又回归到中央财办，两个机构开始在相关文件和新闻中并列出现。如果中央农办长期设在农业农村部，那么在具体工作中就容易陷入部门主义的问题。因此中央农办回归到中央财办，乡村振兴工作的顶层设计、统筹力度会更强。这是工作重心转移过程中党领导农村工作中央层面体制机制变化。

在具体工作中，要顺利实现工作重心的转移，首先，要坚决守住脱贫攻坚成果，做好巩固拓展脱贫攻坚成果同乡村振兴有效衔接，工作不留空当，政策不留空白。要健全防止返贫动态监测和帮扶机制，对易返贫致贫人口实施常态化监测，重点监测收入水平变化和"两不愁三保障"巩固情况，继续精准施策。对脱贫地区产业的帮扶还要继续，补上技术、设施、营销等方面的短板，促进产业提档升级。要强化易地搬迁后续扶持，多渠道促进就业，加强配套基础设施建设和公

[①]《深化党和国家机构改革方案》，人民出版社2018年版，第24页。

共服务保障，搞好社会管理，确保搬迁群众稳得住、有就业、逐步能致富。党中央决定，脱贫攻坚目标任务完成后，对摆脱贫困的县，从脱贫之日起设立5年过渡期。过渡期内要保持主要帮扶政策总体稳定。对现有帮扶政策逐项分类优化调整，合理把握调整节奏、力度、时限，逐步实现由集中资源支持脱贫攻坚向全面推进乡村振兴平稳过渡。其次，要加强对农村工作的统筹，将发展乡村产业、改善农村人居环境、加强农村精神文明建设三者统筹起来。以农产品加工业为重点，打造农业全产业链。以休闲旅游为重点，拓展农业多种功能和乡村多元价值。以农村电商为重点，畅通农产品商贸流通渠道，推动乡村产业发展稳基础、提效益。同时，深入推进农业农村绿色发展，实现乡村建设稳步伐、提质量。提升乡村治理水平，推进新阶段农村改革，促进农村社会稳定安宁，农民收入稳步增长。最后，要健全机制，构建合力推进乡村振兴工作格局。一是健全责任落实机制。制定乡村振兴责任制实施办法，细化各部门职责任务，强化五级书记抓乡村振兴的责任。二是健全考核监督机制。开展省级党政领导班子和领导干部推进乡村振兴实绩考核，建立乡村振兴进展监测评估制度。三是健全要素保障机制。培育引进乡村紧缺人才，强化用地保障，加快建立乡村振兴多元投入保障制度，稳步提高土地出让收入用于农业农村比例。四是健全社会动员机制。完善东西部协作和定点帮扶机制，深入实施民营企业"万企兴万村"行动，建立表彰奖励制度，激发社会各界参与乡村振兴的主动性和创造性。

新思想进乡村

第三节 新时代新征程上不断坚持和完善党的领导体制机制

"万物得其本者生，百事得其道者成。"① 中国共产党领导是中国特色社会主义最本质的特征，是中国特色社会主义制度的最大优势。党的领导制度在国家制度体系中的统领地位，是党的核心领导地位的必然反映、内在要求。如同一张渔网要有"纲绳"，一个制度体系也必然有领导制度。中国特色社会主义制度是一个严密完整的科学制度体系，起四梁八柱作用的是根本制度、基本制度、重要制度，其中居于统领地位的是党的领导制度。党的领导制度明确了我国政治生活的领导关系、领导主体、领导对象，是中国特色社会主义制度体系的"根"和"源"，是国家治理体系和治理能力现代化的"心脏"和"引擎"，管根本、管全局、管长远，发挥着提纲挈领、无可替代的作用。坚持和完善党的领导制度体系，是党的十九届四中全会作出的重要安排，是从制度建设层面坚持和加强党的全面领导的战略举措。"党的领导制度是我国的根本领导制度。"② 把党的领导制度明确为我国的根本制度，这是我们党第一次从坚持和完善中国特色社会主义制度的高度，确定党的领导制度在我国国家制度和国家治理体系中关乎长远、关乎全局的地位和作用，抓住了制度建设和国家治理的关键和根本。

---

① （西汉）刘向：《说苑·谈丛》。
② 《习近平著作选读》第2卷，人民出版社2023年版，第284页。

第二章
中国共产党领导是中国特色社会主义最本质的特征

一、坚持和完善党的领导制度是一项优良传统

早在新民主主义革命时期，我们党就逐步探索建立了党的领导制度。古田会议确立了党对军队的绝对领导这一根本原则，在革命根据地局部执政条件下，形成了党委会统一领导党政军民工作、实行党的一元化领导体制。坚强的党的领导制度保证了党中央运筹帷幄、决胜千里，赢得了新民主主义革命的彻底胜利。新中国成立后，我们党把民主集中制推广到国家政权建设和政治生活中，1954年宪法以根本大法形式将党的领导融入国家制度，党的领导制度进一步得到健全，为大规模开展社会主义建设提供了坚强政治保证。进入改革开放新时期，邓小平在总结"文化大革命"的教训时指出："领导制度、组织制度问题更带有根本性、全局性、稳定性和长期性。"[1]我们党在坚持和完善党的领导方面进行了新的探索，形成了许多制度性成果。党的十八大后，以习近平同志为核心的党中央高度重视制度建设，把制度建设摆在更加重要的位置，贯穿党的领导和党的建设全过程。党的十八届六中全会明确习近平总书记党中央的核心、全党的核心地位，建立坚决维护党中央权威和集中统一领导的相关制度。党的十九大把坚持党对一切工作的领导确立为党的基本方略第一条，把"党是领导一切的"[2]写进党章。党的十九届四中全会进一步将党的领导制度明确为根本领导制度，强调要坚持和完善党的领导制度体系，这是理论创新、实践创新、制度创新相统一的重大成果。把党的领导制度作为

---

[1] 《邓小平文选》第2卷，人民出版社1994年版，第333页。
[2] 《中国共产党章程》，人民出版社2017年版，第11页。

我国的根本领导制度，彰显了我们党的高度制度自觉、制度自信。过去讲党的制度，一般比较多地讲组织制度、工作制度、干部制度、作风制度等具体制度，没有从根本制度这个层面强调党的领导制度的地位。提出党的领导制度是我国的根本领导制度，深刻揭示了党的领导同中国特色社会主义的本质关系，充分彰显了党的领导制度在国家制度体系中的统领地位，有力推动了在实践中更好地坚持和巩固党的领导。

二、不断完善党的领导制度体系

党的十八大以来，我们党高度重视党的领导制度体系建设，经过不懈奋斗已经建立起不忘初心、牢记使命的制度，并形成长效机制，为坚持和完善党的领导制度体系奠定坚实基础；完善坚定维护党中央权威和集中统一领导的各项制度，坚决把维护习近平总书记党中央的核心、全党的核心地位落到实处，明确这一制度体系必须坚持的最高原则；健全党的全面领导制度，确保党在各种组织中发挥领导作用，是这一制度体系的主体内容；健全为人民执政、靠人民执政各项制度，巩固党执政的阶级基础，厚植党执政的群众基础，反映这一制度体系的价值追求；健全提高党的执政能力和领导水平制度，提高党把方向、谋大局、定政策、促改革的能力，体现这一制度体系的实践要求；完善全面从严治党制度，贯彻新时代党的建设总要求，为坚持和完善这一制度体系提供坚强保证。这六个方面的制度彼此支撑、相互联系，共同构筑了党的领导制度体系大厦，是坚持和加强党的全面领导的根本制度保障。

三、不断完善党中央重大决策部署落实机制

党中央重大决策部署，是从党和国家事业发展全局和战略高度谋划和作出的，各地区各部门要结合实际认真贯彻落实。党的十八大以来，围绕贯彻落实党中央重大决策部署，党中央及有关部门建立完善了任务分工、督促检查、情况通报、监督问责等一系列制度，有力推动了贯彻落实工作。

新时代新征程上要继续总结实践经验，完善这些制度，进一步形成一级抓一级、层层抓落实的工作机制。具体来说，要完善上下贯通、执行有力的严密组织体系，使中央和国家机关承担起"最初一公里"的职责，使地方党委履行好"中间段"的职责，使基层党组织完成好"最后一公里"的任务，确保党中央重大决策部署全程无缝落实；要严格执行向党中央请示报告制度，各地区各部门涉及经济社会发展的全局问题和贯彻落实中的重大问题，必须及时如实向党中央请示报告，决不能弄虚作假、掩盖问题、欺上瞒下；要完善贯彻落实党中央决策部署的督查考核机制，建立健全推动高质量发展的指标体系、政策体系、考评体系等，发挥督查考核指挥棒作用，确保党中央决策部署有效落实。

四、不断发展完善党中央决策议事协调机构

新中国成立以来，党中央决策议事协调机构在治国理政实践中发挥了重要作用。1958年，中共中央决定成立财经、政法、外事、科学、文教等小组。这些小组在党中央的领导下开展工作，直接隶属于

中央政治局和书记处，向它们直接作报告。大政方针在中央政治局，具体部署在书记处。只有一个"政治设计院"，没有两个"政治设计院"。大政方针和具体部署，都是一元化，党政不分。具体执行和细节决策权属政府机构及其党组。改革开放以来，党中央陆续在机构编制、社会治安综合治理、精神文明建设等领域成立领导小组或委员会，作为党中央决策议事协调机构。党的十八大以来，以习近平同志为核心的党中央在全面深化改革、国家安全、网络安全、军民融合发展等涉及党和国家工作全局的重要领域成立新的决策议事协调机构，对于加强党对相关工作的领导和统筹协调，起到了至关重要的作用。党的二十大明确提出："完善党中央决策议事协调机构，加强党中央对重大工作的集中统一领导。"[①]

在实践中，要贯彻落实党的二十大精神，确保党中央决策议事协调机构在国家治理中提高党把方向、谋大局、定政策、促改革的能力，主要发挥顶层设计、总体布局、统筹协调和整体推进四大功能。完善党中央决策议事协调机构具有重大实践价值和战略意义。一是重大决策的顶层设计。党中央决策议事协调机构承担重大决策前期调查研究、组织论证、征求意见等工作，负责起草重大决策文稿，有利于克服部门决策的分散主义、本位主义，提高重大决策的科学化、民主化水平。二是重大工作的总体布局。党中央决策议事协调机构在中央政治局及其常委会领导下开展工作，对重大工作的总体布局能够超越部门利益，突破常规治理的繁文缛节，推动重大工作决策部署贯彻落

---

① 《习近平著作选读》第1卷，人民出版社2023年版，第53页。

实。三是重大事项的统筹协调。党中央决策议事协调机构发挥总揽全局、协调各方作用，有利于打破部门壁垒和信息阻塞。通过对党政军群各类机构的统筹协调，各领域各层级机构在党的领导下各就其位、各司其职、各尽其责、有序协同，从而有效实现科层分工治理与党中央集中统一领导相结合。四是重大部署的整体推进。党中央决策议事协调机构承担重大决策部署整体推进、督促落实职能，通过强化督促考核机制，统筹协调、重点督查各地区各部门落实情况，使相关改革协同配套、整体推进，有效避免议而不决、决而不行，确保党中央决策部署顺利实施。

总之，中国共产党是中国特色社会主义事业的领导核心，处在总揽全局、协调各方的地位。在当今中国，没有大于中国共产党的政治力量或其他什么力量。党政军民学，东西南北中，党是领导一切的，是最高的政治领导力量。中国共产党是执政党，党的领导是做好党和国家各项工作的根本保证，是我国政治稳定、经济发展、民族团结、社会稳定的根本点，绝对不能有丝毫动摇。新时代新征程上坚持和完善中国特色社会主义，发扬社会主义制度优势的根本要求就是发挥党总揽全局、协调各方的领导核心作用，为实现伟大梦想保驾护航。

第三章

以中国式现代化推进中华民族伟大复兴

近代以来，现代化是中华民族孜孜以求的梦想。许许多多的先进人士先后提出了洋务运动、维新变法和辛亥革命等各种现代化方案，艰辛探寻中国的现代化出路。虽然这些主张和努力在一定程度上推进了中国的现代化发展进程，但是，由于这些方案并没有建构在坚实的国情基础之上，最终都不可避免地走向失败或中途夭折。中国共产党自成立起，就把实现民族复兴、国家现代化作为目标纲领，开始了中国式现代化发展道路的艰辛探索。经过百年奋斗，我们党最终带领人民成功走出一条中国式现代化新道路，其中农业农村现代化是基础，没有农业农村现代化，就没有整个国家现代化。

| 第一节 | 中国式现代化是党领导人民长期探索和实践的重大成果 |

在新中国成立以来的长期探索和实践基础上，以习近平同志为核心的党中央坚持理论创新、实践创新，成功推进和拓展了中国式现代化，开创了中国式现代化道路，创造了人类文明新形态，中华民族伟大复兴展现出前所未有的光明前景。

一、"四个现代化"：中国式现代化道路的最初探索

中国式现代化道路的探索最早可以追溯到中华人民共和国成立

■ 高标准农田里自走式喷灌机在为小麦浇水

前夕。1949年3月，在中国共产党七届二中全会上，毛泽东指出，革命胜利后的总任务是在迅速恢复和发展生产的基础上，使中国稳步由"农业国"转变为"工业国"，从"新民主主义国家"进入到"社会主义国家"。这为中华人民共和国成立后正式开启工业化进程作了思想上的准备。

中华人民共和国成立以后，面对极为薄弱的经济基础以及"连一辆拖拉机都制造不出来"的工业底子，必须将实现国家工业化作为迈向现代化的首要任务。在1954年9月召开的一届全国人大一次会议上，毛泽东提出了要把中国这样一个"经济上文化上落后的国家"在经过几个五年计划后建设成为一个"工业化的""具有高度现代文化程度的伟大的国家"的宏伟设想[1]，工业化正式成为中国实现现代化的首要目标。周恩来在这次会议上作的《政府工作报告》中，代表中国共产党中央委员会第一次明确提出关于实现工业、农业、交通运输业和国防等四个方面现代化的现代化建设目标。这是中国共产党提出的"四个现代化"目标的最初表述。

后来，随着实践形势的变化和对社会主义建设规律认识的深入，中国共产党进一步调整、发展和完善了对国家建设现代化战略性目标的提法。根据毛泽东的建议，1964年12月周恩来在三届全国人大一次会议上作的《政府工作报告》中，代表中国共产党中央委员会、国务院首次确定了"四个现代化"目标的规范表述，即"把我国建设成为一个具有现代农业、现代工业、现代国防和现代科学技术的社会主

---

[1] 《毛泽东文集》第6卷，人民出版社1999年版，第350页。

义强国"[①]。这样,"四个现代化"的口号就在全国范围内广泛传播开来,成为全党、全国各族人民的共同奋斗目标,在相当长的历史时期内成为团结和激励全国各族人民不懈奋斗的强大精神动力。

从中华人民共和国成立至改革开放初,中国共产党领导现代化建设的全部理论与实践,都是围绕"四个现代化"这个主题来展开的。"四个现代化"本质上可以归为物质文明范畴内的一维现代化,或者说是停留在器物层面的现代化,其内核还是工业化。为什么说"四个现代化"的内核是工业化?这需要从当时人们对"现代化"一词的认识来理解。一般来说,现代化主要被用来概括16世纪以来人类社会发展进程中的社会急剧变革,其内涵极其丰富并且呈现出动态发展态势。例如,在经济学家看来,现代化即工业化,指称的是人类社会从传统的农业社会向现代工业社会转变的历史过程。20世纪六七十年代,西方发达国家依靠第三次科技革命实现了经济和科技的突飞猛进后,大大改写了现代化的内涵。因此,虽然"四个现代化"在文明的维度方面主要指向物质文明这一单一维度,但是其筑构于这一时期中国经济基础较薄弱、物质财富不丰富、工业化水平不高的现代化的国情基础之上,是党领导人民自主作出的贴合实际选择的结果,同时也符合当时全世界范围内对现代化的普遍认知,是对中国式现代化新道路的最初探索。

二、"中国式的现代化"及其全面升级:中国式现代化道路的初步形成

党的十一届三中全会以后,中国开始实行改革开放。当时,中国

---

① 《周恩来选集》下卷,人民出版社1984年版,第439页。

共产党最为关切的问题是社会主义中国要搞什么样的现代化。经过深刻总结中华人民共和国成立以来正反两方面的经验，中国共产党人以巨大的政治勇气和理论勇气，最终选择"走自己的现代化道路"——具有中国特色的社会主义现代化道路。

邓小平是中国特色社会主义现代化道路的开创者。他对"四个现代化"目标作出了符合当时生产力发展水平的校正，提出了"小康社会"这个"中国式的现代化"新目标。按照邓小平的设想，"小康社会"包括两层含义：一是将20世纪末实现"四个现代化"的目标和标准放低一些，调整为实现"虽不富裕，但日子好过"[①]的"中国式的四个现代化"[②]，这与西方发达国家的现代化水平有相当差距；二是其性质是社会主义的，是共同小康，追求的是"没有太富的人，也没有太穷的人，所以日子普遍好过"的美好生活状态。这实际上是中国共产党从中国现实国情以及中国与西方国家发展水平相差较大的具体实际出发，对20世纪60年代提出的"四个现代化"内涵和标准所作的符合客观事实的重大调整。"中国式的现代化"与"小康社会"建设目标有机统一、相互促进，深化了中国推进实现现代化的战略规划、发展步骤和阶段目标，彰显了中国共产党在领导中国实现现代化进程中"一切从实际出发"的思想境界。

到了21世纪初，中国人民生活"总体上达到小康水平"，但是，当时实现的小康生活"还是低水平的、不全面的、发展很不平衡的小康"，属于总体小康。总体小康以温饱为主要参照物，以衣食有余为

---

① 《邓小平文选》第3卷，人民出版社1993年版，第161页。
② 《邓小平文选》第2卷，人民出版社1994年版，第237页。

新思想进乡村

■ 工作人员在一处晒场的大豆堆上忙碌

基本体现,人们的生存性消费(如物质消费)得到极大改善,但发展性消费还未得到满足。于是,江泽民、胡锦涛分别在中国共产党第十六次全国代表大会、第十八次全国代表大会上提出了全面"建设"和"建成"小康社会的奋斗目标。"全面小康社会"是邓小平提出的"小康社会"的全面升级版——除了经济发展以外,还包括了民主法治、文化建设、人民生活、资源环境等方面的内容和要求。从"小康社会"到"全面小康社会"的升级,表明中国共产党对中国特色社会主义现代化目标不断地进行调整和细化,是对邓小平"小康社会"思想以及"中国式的现代化"设想的重要发展和逻辑延伸。

　　改革开放以后,党和国家的工作重点都转移到中国特色社会主义现代化建设上来,并且我们在现代化理论和实践上先后实现了从"小康社会"到"全面小康社会"的"中国式的现代化"的梯度跃升,并通过"三步走"发展战略提出了基本实现"更具普遍意义"现代化的发展目标。这三个现代化发展阶段的跃升，不是单纯经济体量的扩容，而是从注重推动实现物质文明向促进社会全面进步的根本性转变，体现了中国式现代化新道路转向内涵式发展的深刻变化。

三、开启人类文明新形态的现代化：中国式现代化道路的完善和发展

党的十八大以来，以习近平同志为核心的党中央领导全党全国各族人民，瞄准实现中华民族伟大复兴中国梦的宏伟目标，进行了艰辛的实践探索和理论创新，全面建成了小康社会，历史性地解决了绝对贫困问题，最终成功推进和拓展了中国式现代化道路。以习近平同志为主要代表的中国共产党人在认识上不断深化，创立了习近平新时代中国特色社会主义思想，实现了马克思主义中国化时代化新的飞跃，为中国式现代化提供了根本遵循。我们党进一步深化对中国式现代化的内涵和本质的认识，概括形成中国式现代化的中国特色、本质要求和重大原则，初步构建中国式现代化的理论体系，使中国式现代化更加清晰、更加科学、更加可感可行。

习近平总书记对中国式现代化的理论创新，强调"中国式现代化"的独有特征及其所蕴含的"现代"元素和"中国"因素，从更宽广、更深邃的视野创新了现代化的内涵和外延，形成了完整系统的中国式现代化理论，推动社会主义现代化建设取得历史性成就、发生历史性变革，为中国式现代化道路提供了更为完善的制度保证、更为坚实的物质基础、更为主动的精神力量。在新中国成立特别是改革开放

以来的长期探索和实践基础上，经过党的十八大以来在理论和实践上的创新突破，我们党成功推进和拓展了中国式现代化。

第二节 中国式现代化是一种全新的人类文明形态

中国式现代化深深植根于中华优秀传统文化，体现科学社会主义的先进本质，借鉴吸收一切人类优秀文明成果，代表人类文明进步的发展方向，展现了不同于西方现代化模式的新图景，是一种全新的人类文明形态。中国式现代化，打破了"现代化=西方化"的迷思，展现了现代化的另一幅图景，拓展了发展中国家走向现代化的路径选择，为人类对更好社会制度的探索提供了中国方案。中国式现代化蕴含的独特世界观、价值观、历史观、文明观、民主观、生态观等及其伟大实践，是对世界现代化理论和实践的重大创新。中国式现代化为广大发展中国家独立自主迈向现代化树立了典范，为其提供了全新选择。

一、现代化的一般性特征

"现代化"是一个内涵极其丰富的概念，被用来概括16世纪以来人类社会发展进程中社会急剧变革的总的动态，非常精要地描述了社会各个领域在此期间所发生的深刻变迁，既包括质变又包括量变。现代化是一个包罗宏富、多层次、多阶段的历史过程，很难一言以蔽之，因而社会科学家从经济、政治、社会等不同角度研究现代化，自然形成了关于现代化的不同理论流派共同来绘就现代化的多彩图谱。

从政治的角度来看，现代化是传统政治转化为现代政治的变迁过程，而不是一种简单的替代现象。现代化还可以被用于指称"近代资本主义兴起后的特定国际关系格局下，经济欠发达国家通过技术革命，在经济和技术上后发赶超世界先进水平的历史过程"①。这一含义的现代化常被新兴国家政治家用来设定发展目标、凝聚发展动力，以指引本国在现代世界环境中求生存与发展。在很多经济学家看来，现代化实质上就是工业化，是指人类社会从传统的农业社会向现代工业社会转变的历史过程。尽管现代工业社会模式不尽相同，但是其往往具有以下共同特点：都市社会，机械化、自动化与专业化程度高，非生物性能源广泛使用，经济持续增长，职业分化复杂，科层制度，等等。从社会学角度来看，现代化是社会的变化，欠发达国家通过这样的社会变化获得了比较发达的现代工业社会的共同特征，亦即从传统社会过渡到现代社会。

在当下世界，如果要评判一个国家或地区是否实现了现代化，一般应看其是否具备以下几项共同特征：一是生产力发展水平比较高，二是经济比较发达，三是科技比较先进，四是物质比较充裕，五是公共服务体系比较完善，六是人均国内生产总值、预期寿命、受教育年限等指标在全球排名靠前。但是，值得指出的是，历史条件的多

---

① 参见罗荣渠：《现代化新论——世界与中国的现代化进程》（增订本），商务印书馆2004年版，第9页。

样性，决定了各国选择发展道路的多样性。世界上既不存在定于一尊的现代化模式，也不存在放之四海而皆准的现代化标准。一个国家走向现代化，既要遵循现代化一般规律，更要符合本国实际，具有本国特色。

二、中国式现代化具有鲜明的中国特色

中国式现代化是中国共产党领导的社会主义现代化，既有各国现代化的共同特征，更有基于自己国情的鲜明特色。党的二十大报告明确概括和系统阐述了中国式现代化的五大特征，深刻揭示了中国式现代化的科学内涵。

一是中国式现代化是人口规模巨大的现代化。中国14亿多人口整

■ 在西藏拉萨市达孜区，北京大学肿瘤医院的援藏医生袁灿（戴墨镜者）与来送别的藏族同事拥抱

体迈进现代化社会，其规模超过现有发达国家人口的总和，将彻底改写现代化的世界版图，在人类历史上是一件有深远影响的大事。14亿多人口的规模，资源环境条件约束很大，这是中国突出的国情，这也决定了中国的现代化不能照搬外国模式，发展途径与推进方式必然有自己的特点。这么大规模人口的现代化，其艰巨性和复杂性是前所未有的，同时其意义和影响也是前所未有的。

二是中国式现代化是全体人民共同富裕的现代化。这是中国特色社会主义制度的本质决定的，中国不接受两极分化的格局。中国式现代化坚持以人民为中心的发展思想，自觉主动解决地区差距、城乡差距、收入分配差距问题，促进社会公平正义，逐步实现全体人民共同富裕，坚决防止两极分化。中国式现代化要让全体人民都过上好日子，都有机会凭自己的能力参与现代化进程，凭自己的贡献分享国家

■ 阿土列尔村高山区的村民沿着钢梯下山，准备搬迁至县城易地扶贫搬迁安置点的新家

新思想进乡村

发展的成果,不能把哪个群体甩出去不管。当然,共同富裕不是平均主义,更不是劫富济贫,这里面有一个先富后富、先富带后富的问题;同时,共同富裕也是一个长期的历史过程,不可能一蹴而就。

三是中国式现代化是物质文明和精神文明相协调的现代化。以往一些国家的现代化一个重大弊端就是物质主义过度膨胀;物质基础强大、人的物质生活资料丰富当然是现代化的题中应有之义,但如果人只追求物质享受、没有健康的精神追求和丰富的精神生活,成为社会学家描述的那种"单向度的人",丰富多彩的人性蜕变为单一的物质欲望,那也是人类的悲剧。这为中国所不取,中国式现代化追求的是既物质富足又精神富有,是人的全面发展。中国式现代化坚持社会主义核心价值观,加强理想信念教育,弘扬中华优秀传统文化,增强人

■ 宣讲员向孩子们讲家风家训故事

民精神力量，促进物的全面丰富和人的全面发展。

四是中国式现代化是人与自然和谐共生的现代化。人与自然是生命共同体。纵观世界现代化史，工业化、城市化过程中对生态环境的破坏是一个通病。中国之前也走过不少弯路，党的十八大以后中国坚决遏制住了生态环境破坏的势头，生态环境保护发生历史性、转折性、全局性的变化。中国坚持可持续发展，坚持节约优先、保护优先、自然恢复为主的方针，像保护眼睛一样保护自然和生态环境，坚定不移走生产发展、生活富裕、生态良好的文明发展道路，实现中华民族永续发展。习近平总书记"绿水青山就是金山银山"理念已经深入人心，并融入了中国的制度、政策和文化之中。

五是中国式现代化是走和平发展道路的现代化。中国不走一些国家通过战争、殖民、掠夺等方式实现现代化的老路，那种损人利己、充满血腥罪恶的老路给广大发展中国家人民带来了深重苦难。中国式

■ 治理后的毛乌素沙地

新思想进乡村

现代化的旗帜是和平、发展、合作、共赢,这是中国制度决定的,也是中国的文化决定的。中国坚定站在历史正确的一边、站在人类文明进步的一边,在坚定维护世界和平与发展中谋求自身发展,又以自身发展更好维护世界和平与发展。

■ 马尔代夫中马友谊大桥

中国式现代化切合中国实际,既体现了社会主义建设规律,也体现了人类社会发展规律。中国式现代化破解了人类社会发展的诸多难题,摒弃了西方以资本为中心的现代化、两极分化的现代化、物质主义膨胀的现代化、对外扩张掠夺的现代化老路,拓展了发展中国家走向现代化的途径,为人类对更好社会制度的探索提供了中国智慧和中国方案。上述中国式现代化的科学内涵既是理论概括,也是实践要求,为全面建成社会主义现代化强国、实现中华民族伟大复兴指明了一条康庄大道。新中国成立特别是改革开放以来,中国用几十年时间走完西方发达国家几百年走过的工业化历程,创造了经济快速发展和社会长期稳定的奇迹，为中华民族伟大复兴开辟了广阔前景。实践证明，中国式现代化走得通、行得稳，是强国建设、民族复兴的唯一正确道路。

三、中国式现代化的本质要求

中国式现代化具有自己的本质要求。这个本质要求有九个方面，即坚持中国共产党领导，坚持中国特色社会主义，实现高质量发展，发展全过程人民民主，丰富人民精神世界，实现全体人民共同富裕，促进人与自然和谐共生，推动构建人类命运共同体，创造人类文明新形态。这一关于中国式现代化的创新性论述，既阐明了中国式现代化与西方主要资本主义国家现代化的内在差异，也是对中国在实现现代化过程中必须始终遵循的基本逻辑和努力达到的奋斗目标所作的系统诠释，为深刻认识中国式现代化提供了根本遵循。

坚持中国共产党领导是中国式现代化领导力量的本质要求，这是最根本、最重要的一条，彰显领导优势，起政治保证作用。党的领导直接关系中国式现代化的根本方向、前途命运、最终成败。党的领导决定中国式现代化的根本性质，只有毫不动摇坚持党的领导，中国式现代化才能前景光明、繁荣兴盛；否则就会偏离航向、丧失灵魂，甚至犯颠覆性错误。党的领导确保中国式现代化锚定奋斗目标行稳致远，我们党的奋斗目标一以贯之，一代一代地接力推进，取得了举世瞩目、彪炳史册的辉煌业绩。

坚持中国特色社会主义是中国式现代化道路制度的本质要求，彰显制度优势，起方向引领作用。推进中国式现代化，必须高举中国特色社会主义伟大旗帜，沿着中国特色社会主义指引的方向前进。中国特色社会主义是改革开放以来党的全部理论和实践的主题，从理论和实践结合上回答了在我国这样一个具有5000多年文明的东方大国，实现什么样的现代化、怎样实现现代化的重大问题。党的十八大以来，中国特色社会主义进入新时代，意味着中国特色社会主义道路、理论、制度、文化不断发展，拓展了发展中国家走向现代化的途径，给世界上那些既希望加快发展又希望保持自身独立性的国家和民族提供了全新选择，为解决人类问题贡献了中国智慧和中国方案。

实现高质量发展，发展全过程人民民主，丰富人民精神世界，实现全体人民共同富裕，促进人与自然和谐共生，分别对应"五位一体"总体布局的不同方面，既各自独立又相互联系，相辅相成、相互促进、形成合力，有利于推进社会有机体整体优化并不断向前发展。实现高质量发展是中国式现代化经济建设的本质要求。实现高质量发展是全面建设社会主义现代化国家的首要任务。没有坚实的物质基础，就不可能全面建成社会主义现代化强国。发展全过程人民民主是中国式现代化政治建设的本质要求。全过程人民民主是社会主义民主政治的本质属性，是最广泛、最真实、最管用的民主。人民民主是社会主义的生命，是全面建设社会主义现代化国家的题中应有之义。丰富人民精神世界是中国式现代化文化建设的本质要求。物质富足、精神富有是社会主义现代化的根本要求。物质贫困不是社会主义，精神贫乏也不是社会主义。全面建设社会主义现代化国家，必须不断满足人民群众多样化、多层次、多方面的精神文化需求，丰富人民精神世界。实现全体人民共同富裕是中国式现代化社会建设的本质要求。共同富裕是中国式现代化的重要特征，全面建设社会主义现代化国家必然要求实现全体人民共同富裕。促进人与自然和谐共生是中国式现代化生态文明建设的本质要求。尊重自然、顺应自然、保护自然，是全面建设社会主义现代化国家的内在要求。中国式现代化必然要求推动绿色发展，促进人与自然和谐共生。

推动构建人类命运共同体是中国式现代化对外交往的本质要求。人类命运共同体理念实现了历史使命与时代潮流的高度统一、民族精神与国际主义的高度统一、中国气派与世界情怀的高度统一，闪耀着马克思主义的真理光芒，彰显着推动时代的思想伟力。以中国式现代化全面推进中华民族伟大复兴，必须坚持对话协商，推动建设一个持久和平的世界；坚持共建共享，推动建设一个普遍安全的世界；坚持合作共赢，推动建设一个共同繁荣的世界；坚持交流互鉴，推动建设一个开放包容的世界；坚持绿色低碳，推动建设一个清洁美丽的世界。

创造人类文明新形态是中国式现代化文明形态的本质要求。党领导人民在实践中创造的人类文明新形态，具有鲜明中国气派，同时又吸收了人类创造的一切优秀文明成果，是独具特色又兼收并蓄的文明形态，为世界文明注入了中国智慧。以中国式现代化全面推进中华民族伟大复兴，必须弘扬和平、发展、公平、正义、民主、自由的全人类共同价值，坚持以文明交流超越文明隔阂、以文明互鉴超越文明冲突、以文明共存超越文明优越，努力为解决全球性问题、促进人类文明进步贡献更多更好的中国智慧、中国方案、中国力量，以更加开放的姿态拥抱世界、以更有活力的文明成就贡献世界。

中国式现代化就其内涵而言是新的，不是旧的，是基于中国的国情自己走出来、探索出来的，而不是模仿别人、照抄外国、照搬西方的。中国式现代化的本质要求是领导力量＋道路制度＋"五位一体"总体布局的五大建设＋对外交往＋文明形态，是对我国社会主义现代化建设长期探索和实践的科学总结，是党的现代化理论系统集成的重大创新，是对世界现代化理论的重大丰富和发展。

第三节　没有农业农村现代化就没有整个国家的现代化

"加快建设农业强国，是党中央着眼全面建成社会主义现代化强国作出的战略部署""没有农业强国就没有整个现代化强国；没有农业农村现代化，社会主义现代化就是不全面的"。[①]农业稳则天下安，没有乡村的振兴，就没有中华民族的伟大复兴。以习近平同志为核心的党中央高度重视"三农"工作，始终把坚持农业农村优先发展作为"国之大者"装在心中、扛在肩上、落到实处。我们要走好中国特色社会主义乡村振兴道路，让每一寸耕地都成为丰收的沃土，让每一片田野都充满着希望。

一、农业农村现代化是基础

如何避免陷入"中等收入陷阱"是世界各国现代化进程中绕不

[①]《习近平关于"三农"工作的重要论述学习读本》，人民出版社、中国农业出版社2023年版，第15—16、16页。

开的一个难题。历史上不少国家陷入"中等收入陷阱"的一个重要原因就是没有处理好工农关系、城乡关系，忽视农业农村发展，导致乡村和乡村经济走向凋敝，大量失业农民涌向城市，现代化进程因此受阻。习近平总书记强调，"没有农业农村现代化，就没有整个国家现代化。在现代化进程中，如何处理好工农关系、城乡关系，在一定程度上决定着现代化的成败"[①]。中国共产党与时俱进不断深化对工农关系、城乡关系的认识和把握，确保中国现代化进程顺利推进。中国超大的人口规模决定即便城镇化率达到70%也仍将有4亿多人口在农村，这是中国现代化不能忽视的客观现实。没有农业农村现代化，中国式现代化是不可能取得成功的，这就决定中国式现代化必须既要推进工业化、信息化、城镇化，也要同步推进农业农村现代化，努力构建工农互促、城乡互补、全面融合、共同繁荣的新型工农城乡关系，让广大农民平等参与现代化进程、共同分享现代化成果。

察大势、观大局，加快推进农业农村现代化是中国式现代化的题中应有之义。从中华民族伟大复兴战略全局看，农业农村现代化是中国式现代化的重要基础。党的十九届五中全会提出，优先发展农业农村，全面推进乡村振兴。在全面建设社会主义现代化国家新征程中，优先发展农业农村、全面推进乡村振兴，是一项具有全局和战略意义的重大任务。对我国这样一个人口大国而言，农业是基础产业，实现国家现代化必须实现农业现代化；对我国这样一个城乡二元结构问题依然突出的发展中大国而言，实现国家现代化必须实现农村现代化。

[①] 习近平：《论"三农"工作》，中央文献出版社2022年版，第274页。

必须清醒地看到，在全面建成小康社会的进程中，尽管农业农村发展取得巨大成就，但相比城市依然明显滞后；受工业化城镇化虹吸效应影响，未来农业农村将继续承受资源要素流失的巨大压力。近年来，虽然我国"三农"工作取得显著成就，但城乡发展不平衡、农村发展不充分仍是当前我国社会主要矛盾的重要体现。解决农业农村现代化面临的矛盾问题，是全面建设社会主义现代化国家的重大任务。从世界百年未有之大变局看，农业农村现代化是中国式现代化的"压舱石"。"三农"向好，全局主动。在现代化进程中，稳住农业基本盘、守好"三农"基础，能否处理好工农关系、城乡关系，影响着应变局、开新局的成效高低，也在很大程度上决定着现代化的成败。

二、加快农业农村现代化步伐

新时代，"三农"工作必须围绕农业农村现代化这个总目标来推进。加快推进农业现代化，全面推进乡村振兴是有效途径。我国农村地域辽阔，各地情况千差万别、社会风俗习惯不同，全面推进乡村振兴是一项长期任务、系统工程，必须稳扎稳打、久久为功。坚持数量服从质量、进度服从实效，真正把好事办好、实事办实，定能让农民群众在全面推进乡村振兴中有更多获得感、幸福感、安全感。

一是保障粮食和重要农产品稳定安全供给，夯实农业生产能力基础。打牢粮食、耕地、农业装备和信息化农业生产能力的基础，深入实施藏粮于地、藏粮于技战略，提高农业综合生产能力，保障国家粮食安全和重要农产品有效供给，把中国人的饭碗牢牢端在自己手中。这些年，我们依靠自己的力量端稳中国饭碗，14亿多人吃饱吃好。现在，粮食需求刚性增长，端牢饭碗的压力大。必须全方位夯实粮食安全根基，既要抓物质基础，强化藏粮于地、藏粮于技，也要抓机制保障，做到产能提升、结构优化、韧性增强、收益保障、责任压实。要实施新一轮千亿斤粮食产能提升行动，抓紧制定实施方案，把任务落实下去。提产能关键还是抓耕地和种子两个要害。抓耕地要坚决守住18亿亩耕地红线，坚决遏制"非农化"、有效防止"非粮化"。坚持良田粮用大原则，良田好土要优先保粮食，果树苗木尽量上山上坡，蔬菜园艺更多靠设施农业和工厂化种植。治理"非粮化"政策性很强，要统筹考虑粮食生产和重要农产品保障、农民增收的关系，留出一定过渡期，加强政策引导。要逐步把永久基本农田全部建成高标准农田，尽快提出落实办法，该拿的钱要拿到位，建设质量和管护机制也要到位，确保建一块成一块。抓种子要选准突破口，持续发力、协

■ 农民操作农机将收获的水稻送入拖拉机车斗

新思想进乡村

同攻关，把种业振兴行动切实抓出成效，把当家品种牢牢攥在自己手里。生物育种是大方向，要加快产业化步伐。

二是依靠科技和改革双轮驱动，加快实现农业科技量的突破和质的跃升。建设农业强国，利器在科技，关键靠改革。当前，我国农业科技创新整体迈进了世界第一方阵，但农业科技进步贡献率同世界先进水平相比还有不小的差距。农业科技创新要着力提升创新体系整体效能，解决好各自为战、低水平重复、转化率不高等突出问题。要以农业关键核心技术攻关为引领，以产业急需为导向，聚焦底盘技术、核心种源、关键农机装备、合成药物、耕地质量、农业节水等领域，发挥新型举国体制优势，整合各级各类优势科研资源，强化企业科技创新主体地位，构建梯次分明、分工协作、适度竞争的农业科技创新体系。要打造国家农业科技战略力量，支持农业领域重大创新平台建设。农业科技创新周期相对较长，要舍得下力气、增投入，给予长期

■ 联合收割机在麦田里收割小麦

稳定的支持。

三是大力推进农村现代化建设，建设宜居宜业和美乡村。农业因人类定居而兴，村落因农事活动而聚，乡村不仅是农业生产的空间载体，也是广大农民生于斯长于斯的家园故土。这些年，乡村建设取得一定成效，但农村基础设施仍不完善，公共服务水平不高，欠账还很多。要瞄准"农村基本具备现代生活条件"的目标，组织实施好乡村建设行动，特别是要加快防疫、养老、教育、医疗等方面的公共服务设施建设，提高乡村基础设施完备度、公共服务便利度、人居环境舒适度，让农民就地过上现代文明生活。要对我国城镇化趋势、城乡格局变化进行研判，科学谋划村庄布局，防止"有村无民"造成浪费。要把农村精神文明建设同传承优秀农耕文化结合起来，同农民群众日用而不觉的共同价值理念结合起来，弘扬敦亲睦邻、守望相助、诚信

■ 村民自发组成的"奋进合唱团"在村委会排练节目

重礼的乡风民风。要加强法治教育，引导农民办事依法、遇事找法、解决问题用法、化解矛盾靠法。农村移风易俗重在常抓不懈，找准实际推动的具体办法，创新用好村规民约等手段，倡导性和约束性措施并举，绵绵用力，成风化俗，坚持下去，一定能见到好的效果。

第四章

统筹推进"五位一体"总体布局

"五位一体"总体布局是指经济建设、政治建设、文化建设、社会建设和生态文明建设五位一体,全面推进。这是在党的十八大上中国共产党站在历史和全局的战略高度作出的全面部署。2017年10月18日,党的十九大在全面总结经验、深入分析形势的基础上,从经济、政治、文化、社会、生态文明五个方面,制定了新时代统筹推进"五位一体"总体布局的战略目标,作出了战略部署。党的二十大庄严宣告:"从现在起,中国共产党的中心任务就是团结带领全国各族人民全面建成社会主义现代化强国、实现第二个百年奋斗目标,以中国式现代化全面推进中华民族伟大复兴。"[1]"五位一体"总体布局标志着我国社会主义现代化建设进入新的历史阶段,体现了我们党对中国特色社会主义的认识达到了新境界。"五位一体"总体布局同社会主义初级阶段总依据、实现社会主义现代化和中华民族伟大复兴总任务有机统一,对进一步明确中国特色社会主义发展方向、夺取中国特色社会主义新胜利意义重大。

---

[1] 习近平:《高举中国特色社会主义伟大旗帜 为全面建设社会主义现代化国家而团结奋斗——在中国共产党第二十次全国代表大会上的报告》,人民出版社2022年版,第21页。

第一节 以新发展理念引领经济高质量发展

发展理念是发展行动的先导,是管全局、管根本、管方向、管长远的东西,是发展思路、发展方向、发展着力点的集中体现。发展理念是否对头,从根本上决定着发展成效高低乃至发展成败。新时代新征程抓发展,必须更加突出发展理念,坚定不移贯彻创新、协调、绿色、开放、共享的新发展理念。

一、完整、准确、全面贯彻新发展理念

新发展理念是具有内在联系的集合体。在新发展理念中,创新是引领发展的第一动力,创新发展注重的是解决发展动力问题,必须把创新摆在国家发展全局的核心位置,让创新贯穿于党和国家一切工作。协调是持续健康发展的内在要求,协调发展注重的是解决发展不平衡问题,必须正确处理发展中的重大关系,不断增强发展整体性。绿色是永续发展的必要条件和人民对美好生活追求的重要体现,绿色发展注重的是解决人与自然和谐共生问题,必须实现经济社会发展和生态环境保护协同共进,为人民群众创造良好生产生活环境。开放是国家繁荣发展的必由之路,开放发展注重的是解决发展内外联动问题,必须发展更高层次的开放型经济,以扩大开放推进改革发展。共享是中国特色社会主义的本质要求,共享发展注重的是解决社会公平

■ 货船行驶在大运河杭州段

正义问题，必须坚持全民共享、全面共享、共建共享、渐进共享，不断推进全体人民共同富裕。这五个方面相互贯通、相互促进，有机协同，要统一贯彻，不能顾此失彼，也不能相互替代。哪一个发展理念贯彻不到位，发展进程都会受到影响。

新发展理念丰富发展了中国特色社会主义政治经济学。新发展理念是在充分吸收中华优秀传统文化成果的基础上，把马克思主义政治经济学基本原理同新时代经济实践结合起来，对我国经济发展规律的全新总结和概括。新发展理念传承党的发展理论，坚持以人民为中心的发展思想，进一步科学回答了为什么要发展、实现什么样的发展、怎样实现发展的问题，深刻揭示了实现更高质量、更有效率、更加公平、更可持续、更为安全的发展之路，有力指导了我国新的发展实践，开拓了中国特色社会主义政治经济学新境界。

二、坚持以高质量发展为主题

党的十八大以来，党对经济发展阶段性特征的认识不断深化。2013年，党中央作出我国经济发展正处于增长速度换挡期、结构调整阵痛期和前期刺激政策消化期"三期叠加"阶段的重要判断。2014年，党中央提出我国经济发展进入新常态，经济向形态更高级、分工更优化、结构更合理的阶段演进，适应新常态、把握新常态、引领新常态是我国经济发展的大逻辑。2017年，党的十九大进一步明确提出，我国经济已由高速增长阶段转向高质量发展阶段。2020年，党的十九届五中全会提出要以推动高质量发展为主题。2022年，党的二十大明确实现高质量发展是中国式现代化的本质要求。

推动高质量发展，是"十四五"乃至今后一个时期我国经济社会发展的主题，关系全面建设社会主义现代化国家的战略全局，是确定发展思路、制定经济政策、实施宏观调控的根本要求。高质量发展，是能够很好满足人民日益增长的美好生活需要的发展，是体现新发展理念的发展，是创新成为第一动力、协调成为内生特点、绿色成为普遍形态、开放成为必由之路、共享成为根本目的的发展。更明确地说，高质量发展，就是经济发展从"有没有"转向"好不好"。

三、加快构建新发展格局

加快构建新发展格局，是推动高质量发展的战略基点。要全面深化改革，构建高水平社会主义市场经济体制，把实施扩大内需战略同深化供给侧结构性改革有机结合起来，加快建设现代化产业体系。

一是构建高水平社会主义市场经济体制。习近平总书记指出："在社会主义条件下发展市场经济，是我们党的一个伟大创举。"[①]新时代新征程，要始终坚持社会主义市场经济改革方向，把社会主义制度优越性同市场经济一般规律有机结合起来，进一步激发各类市场主体活力、解放和发展社会生产力。要坚持和完善社会主义基本经济制度，毫不动摇巩固和发展公有制经济，深化国资国企改革，加快国有经济布局优化和结构调整，推动国有资本和国有企业做强做优做大，提升企业核心竞争力；毫不动摇鼓励、支持、引导非公有制经济发展，优化民营企业发展环境，依法保护民营企业产权和企业家权益，促进民营经济发展壮大。优化市场体系，营造各种所有制企业依法平等使用资源要素、公开公平公正参与竞争、同等受到法律保护的营商环境。要正确处理政府和市场的关系，充分发挥市场在资源配置中的决定性作用，最大限度减少政府对资源的直接配置和对微观经济活动的直接干预，充分利用市场机制，实现资源配置效益最大化；更好发挥政府作用，完善宏观经济治理，有效弥补市场失灵，实现效率和公平有机统一，在高质量发展中扎实推动全体人民共同富裕。通过有效市场和有为政府更好结合，彰显社会主义制度优越性，以中国式现代化全面推进中华民族伟大复兴。

二是建设现代化经济体系。现代化经济体系是由社会经济活动

[①] 习近平：《论坚持全面深化改革》，中央文献出版社2018年版，第190页。

各个环节、各个层面、各个领域的相互关系和内在联系构成的有机整体。建设现代化经济体系，尤其要大力发展实体经济，筑牢现代化经济体系的坚实基础。加快建设以实体经济为支撑的现代化产业体系，关系我们在未来发展和国际竞争中赢得战略主动。要完善新发展阶段的产业政策，把维护产业安全作为重中之重，强化战略性领域顶层设计，增强产业政策协同性。要把握人工智能等新科技革命浪潮，适应人与自然和谐共生的要求，保持并增强产业体系完备和配套能力强的优势，高效集聚全球创新要素，推进产业智能化、绿色化、融合化，建设具有完整性、先进性、安全性的现代化产业体系。要坚持以实体经济为重，防止脱实向虚；坚持稳中求进、循序渐进，不能贪大求洋；坚持三次产业融合发展，避免割裂对立；坚持推动传统产业转型升级，不能当成"低端产业"简单退出；坚持开放合作，不能闭门造车。

三是加快农业强国建设。纵观世界强国发展史，一个国家要真正强大，必须有强大农业作支撑。加快建设农业强国，是农业发展方式的创新，也是农业发展进程的提速，既体现农业发展量的突破和质的跃升，又彰显打破常规的后发优势和赶超态势。为此，我们必须以保障国家粮食安全为底线，以科技和机制创新为动力，以设施和装备升级为重点，推动农业发展由追求速度规模向注重质量效益竞争力转变，由依靠传统要素驱动向注重科技创新和提高劳动者素质转变，由产业链相对单一向集聚融合发展转变，加快实现由农业大国向农业强国的跨越。第一，要推进耕地保护建设全方面加强。牢牢守住18亿亩耕地红线，保护好农业生产的命根子，保护好中华民族永续发展的根基。第二，要推进农业科技装备全领域突破。要实施种业振兴行动、推进农业装备原始创新、大力发展设施农业、推进农业生产组织方式变革，以基础性、战略性、原创性重大农业科技突破带动整体创新能力跃升，推动农业科技由跟跑、并跑向领跑跨越，强化农业科技和装备支撑。第三，要推进农业绿色发展全过程转型。坚持节约资源和保护环境相结合，构建人与自然和谐共生的农业发展新格局。第四，要推进农业社会化服务全环节覆盖。巩固和完善农村基本经营制度，培育新型农业经营主体，健全农业社会化服务体系，发展农业适度规模经营，促进小农户和现代农业发展有机衔接。第五，要推进农业产业全链条升级。以拓展农业多种功能、发掘乡村多元价值为方向，融合农文旅、贯通产加销，推进农村第一、二、三产业融合发展。第六，要推进农业对外合作全方位展开。坚持在开放中合作、在合作中共赢，加快构建新型农业对外合作关系，实现更高水平农业对外开放。

四是推进区域协调发展。推进区域协调发展要深入实施区域协调发展战略、区域重大战略、主体功能区战略、新型城镇化战略，优化重大生产力布局，构建优势互补、高质量发展的区域经济布局和国土空间体系。推动西部大开发形成新格局，推动东北全面振兴取得新突破，促进中部地区加快崛起，鼓励东部地区加快推进现代化。支持革命老区、民族地区加快发展，加强边疆地区建设，推进兴边富民、稳边固边。推进京津冀协同发展、长江经济带发展、长三角一体化发展，推动黄河流域生态保护和高质量发展。高标准、高质量建设雄安新区，推动成渝地区双城经济圈建设。健全主体功能区制度，优化国土空间发展格局。推进以人为核心的新型城镇化，加快农业转移人口市民化。以城市群、都市圈为依托构建大中小城市协调发展格局，推进以县城为重要载体的城镇化建设。

五是建设开放型经济新体制。开放带来进步，封闭必然落后。我国改革开放的历史充分证明，对外开放是推动经济社会发展的重要动力，以开放促改革、促发展是我国发展不断取得新成就的重要法宝。面对世界百年未有之大变局，必须更好利用国内国际两个市场两种资源，更加注重制度型开放，以国内大循环吸引全球资源要素，促进国内国际双循环，推动形成更高水平的对外开放新格局，打造国际经济合作和竞争新优势。

四、把实施扩大内需战略同深化供给侧结构性改革有机结合起来

当前，世界百年未有之大变局加速演进，全球产业分工体系和区域布局正在发生广泛深刻调整，能源资源等供应稳定性下降，全球经济原有供需循环受到干扰甚至被阻断。从国内看，近来我国经济面临需求收缩、供给冲击、预期转弱三重压力，一些领域风险因素上升，人口老龄化加速，劳动力、土地等传统优势弱化，资源环境约束趋紧，科技创新能力还不强，全要素生产率提高受到制约，亟待从供需两端发力，既扩大有效需求，又推动生产函数变革调整，推动内生动力更强凝聚，塑造新的竞争优势。

扩大内需和深化供给侧结构性改革有机结合必须以深化供给侧结构性改革为主线。经济发展最终靠供给推动，从长期看是供给创造需求。推进供给侧结构性改革，是在全面分析国内经济阶段性特征的基

础上调整经济结构、转变经济发展方式的治本良方，是培育增长新动力、形成先发新优势、实现创新引领发展的必然要求。坚持深化供给侧结构性改革这条主线，就是要发挥创新第一动力作用，持续推动科技创新、制度创新，着力突破供给约束堵点，以自主可控、优质有效的供给满足和创造需求。

扩大内需和深化供给侧结构性改革有机结合必须坚持充分发挥超大规模市场优势。我国有14亿多人口，其中4亿多人是中等收入群体。我国正在稳步迈向高收入国家行列，是世界上最有潜力的超大规模市场。同时，我国拥有世界上规模最大、门类最齐全的制造业体系，在全球产业分工体系和供应链体系中占据举足轻重的地位，拥有支撑国内国际双循环的强大供给能力。超大规模的国内市场带来了巨大的规模经济优势、创新发展优势和抗冲击能力优势。牢牢把握扩大内需这个战略基点，就是要充分用好超大规模市场这个宝贵的战略资源，为市场主体营造长期稳定的良好发展预期，在高质量发展中推动共同富裕，扩大中等收入群体，提升市场自主支出意愿和能力，以规模扩大、结构升级的内需牵引和催生优质供给。

五、加快实现高水平科技自立自强

全面建设社会主义现代化国家必须以教育、科技、人才为基础性、战略性支撑。高质量发展，必须坚持科技是第一生产力、人才是第一资源、创新是第一动力，深入实施科教兴国战略、人才强国战略、创新驱动发展战略，开辟发展新领域新赛道，不断塑造发展新动能新优势。

新思想进乡村

一是坚持党对科技工作的全面领导，为我国科技事业发展提供坚强政治保证。加强党中央集中统一领导，完善党中央对科技工作统一领导的体制，建立权威的决策指挥体系。二是深化科技体制改革。着力破解深层次体制机制障碍，着力营造良好政策环境，深化科技评价改革，加大多元化科技投入，加强知识产权法治保障，形成支持全面创新的基础制度。三是加快建设教育强国。全面贯彻党的教育方针，坚持以人民为中心发展教育，以改革创新为动力，坚持把高质量发展作为各级各类教育的生命线，加快建设高质量教育体系，坚持将教育强国、科技强国、人才强国三者有机结合起来、一体统筹推进，形成推动高质量发展的倍增效应。四是强化国家战略科技力量，坚决打赢关键核心技术攻坚战。健全新型举国体制，加强战略谋划和系统布局，形成关键核心技术攻关强大合力。五是扩大国际科技交流合作。

■ 参赛选手在实训沙盘前操作机器人设备

积极主动融入全球创新体系，用好全球创新资源。实施更加开放包容、互惠共享的国际科技合作战略，以持续提升科技自主创新能力夯实国际合作基础，以更加开放的思维和举措推进国际科技交流合作。加强国际化科研环境建设，形成具有全球竞争力的开放创新生态。

第二节 发展社会主义民主政治

社会主义民主政治是无产阶级掌握国家政权，管理国家的政治制度。"我国是工人阶级领导的、以工农联盟为基础的人民民主专政的社会主义国家，国家一切权力属于人民。人民民主是社会主义的生命，是全面建设社会主义现代化国家的应有之义。全过程人民民主是社会主义民主政治的本质属性，是最广泛、最真实、最管用的民主。"[1]

一、坚持走中国特色社会主义政治发展道路

人民民主是社会主义的生命。没有民主就没有社会主义，就没有社会主义的现代化，就没有中华民族伟大复兴。世界上没有完全相同的政治制度模式，一个国家实行什么样的政治制度，走什么样的政治发展道路，必须与这个国家的国情和性质相适应。新中国成立以来特别是改革开放以来，我们党团结带领人民在发展社会主义民主政治方

---

[1] 习近平：《高举中国特色社会主义伟大旗帜　为全面建设社会主义现代化国家而团结奋斗——在中国共产党第二十次全国代表大会上的报告》，人民出版社2022年版，第37页。

面取得了重大进展，成功开辟和坚持了中国特色社会主义政治发展道路，为实现最广泛的人民民主确立了正确方向。中国特色社会主义政治发展道路，是近代以来中国人民长期奋斗历史逻辑、理论逻辑、实践逻辑的必然结果，是坚持党的本质属性、践行党的根本宗旨的必然要求。

走中国特色社会主义政治发展道路，一是必须坚持党的领导、人民当家作主、依法治国有机统一。二是必须积极稳妥推进政治体制改革。改革开放以来，我们在坚持根本政治制度、基本政治制度的基础上，不断深化政治体制改革，推进制度体系完善和发展。截至2023年底，仅党中央机构就集中进行了6次改革，国务院机构集中进行了9次改革，为坚持和发展中国特色社会主义提供了重要体制机制保障。要持续推进社会主义民主政治制度化、规范化、程序化，保证人民依法通过各种途径和形式管理国家事务，管理经济文化事业，管理社会事务，巩固和发展生动活泼、安定团结的政治局面。三是必须始终保持政治定力。坚持从国情出发、从实际出发，既要把握长期形成的历史传承，又要把握走过的发展道路、积累的政治经验、形成的政治原则，要坚定对中国特色社会主义政治制度的自信，增强走中国特色社会主义政治发展道路的信心和决心。

二、全过程人民民主是最广泛、最真实、最管用的社会主义民主

人民民主是我们党始终高举的旗帜。党的十八大以来，以习近平同志为核心的党中央立足新的历史方位，深刻把握我国社会主要矛盾

第四章
统筹推进"五位一体"总体布局

发生的新变化，积极回应人民对民主法治、公平正义的新要求新期待，坚持党的领导、人民当家作主、依法治国有机统一，深化对民主政治发展规律的认识，提出全过程人民民主重大理念。全过程人民民主是全链条、全方位、全覆盖的民主。从政治过程看，我国全过程人民民主是民主选举、民主协商、民主决策、民主管理、民主监督各个环节紧密联系、相互贯通的全链条民主。从政治体系看，我国全过程人民民主是贯通国家政治生活和社会生活各层面各维度的全方位民主，人民通过人民代表大会行使国家权力，各级国家机关都按照民主集中制原则来组织并贯彻实施国家宪法法律和方针政策，保证国家治理成为充分体现人民意志、保障人民权益、激发人民创造活力的政治实践，保证实现全体人民共享现代化建设和发展成果。协商民主则使得科学决策、民主决策更加有效，成为实践全过程人民民主的重要形

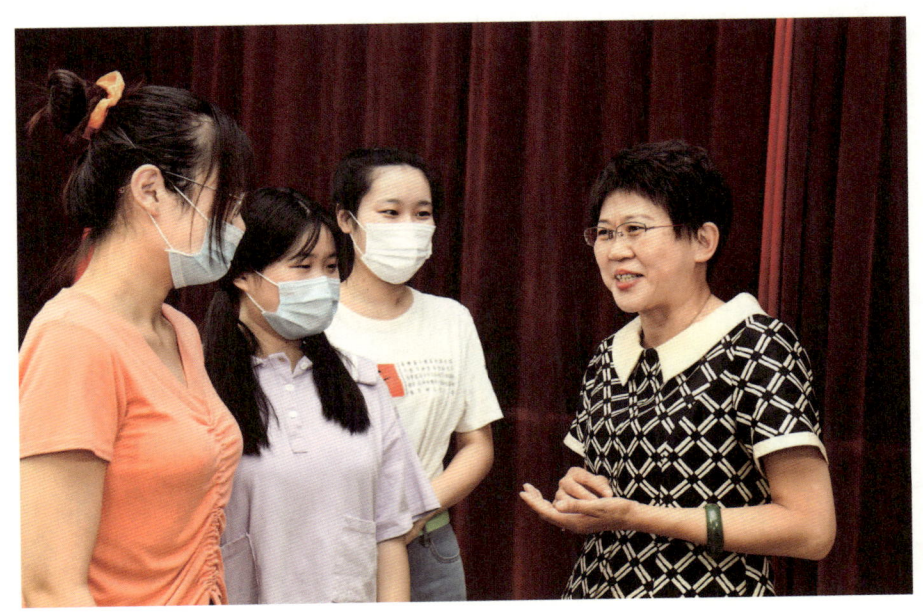

■ 全国人大代表高明芹（右一）在宣讲民法典相关内容

式。从政治领域看，我国全过程人民民主是涵盖国家各项事业各项工作的全覆盖民主。我国全过程人民民主坚持以人民为中心，坚持人民主体地位，人民当家作主充分体现在中国特色社会主义经济建设、政治建设、文化建设、社会建设、生态文明建设"五位一体"总体布局和全面建设社会主义现代化国家、全面深化改革、全面依法治国、全面从严治党"四个全面"战略布局的方方面面，实现了全领域、全过程整体性覆盖和贯通。

三、健全人民当家作主制度体系

人民民主制度体系是由党和人民在历史传承、文化传统、经济社会发展的基础上长期探索、渐进改造、内生演化形成的，是社会主义政治文明建设的伟大创造，是对人类政治文明的重大贡献。人民民主制度体系是保证人民在党的领导下依法通过各种途径和形式管理国家事务、管理经济和文化事业、管理社会事务的制度体系，因而是系统而全面的。

人民代表大会制度是保证人民当家作主的好制度。人民代表大会制度是坚持党的领导、人民当家作主、依法治国有机统一的根本政治制度安排。坚持党的领导、人民当家作主、依法治国有机统一，核心是坚持党的领导。党的领导是人民当家作主和依法治国的根本保证。人民代表大会制度之所以具有强大生命力和显著优越性，关键在于深深植根于人民之中。落实宪法法律关于民主的相关制度机制，不断完善中国特色社会主义法律体系，切实加强人大监督，充分发挥人大代表作用，完善人大的民主民意表达平台，强化政治机关意识，为发展全过程人民民主、保障人民当家作主作出新贡献。

中国共产党领导的多党合作和政治协商制度作为我国一项基本政治制度，是中国共产党、中国人民和各民主党派、无党派人士的伟大政治创造，是从中国土壤中生长出来的新型政党制度。这一制度新就新在它是马克思主义政党理论同中国实际相结合的产物，能够真实、广泛、持久代表和实现最广大人民根本利益、全国各族各界根本利益，有效避免了旧式政党制度代表少数人、少数利益集团的弊端；新就新在它把各个政党和无党派人士紧密团结起来、为着共同目标而奋斗，有效避免了一党缺乏监督或者多党轮流坐庄、恶性竞争的弊端；新就新在它通过制度化、程序化、规范化的安排集中各种意见和建议，推动决策科学化民主化，有效避免了旧式政党制度囿于党派利益、阶级利益、区域和集团利益决策施政导致社会撕裂的弊端。要坚定不移贯彻长期共存、互相监督、肝胆相照、荣辱与共的方针，着力发挥好民主党派和无党派人士的积极作用。

民族区域自治制度是我国的一项基本政治制度，是中国特色解决民族问题的正确道路的重要内容和制度保障。这一制度符合我国国情，在维护祖国统一、领土完整，在加强民族平等团结、促进民族地区发展、增强中华民族凝聚力等方面都起到了重要作用。民族区域自治是我们党的民族政策的源头，我们的民族政策都由此而来、依此而存。民族区域自治不是某个民族独享的自治，民族自治地方更不是某个民族独有的地方，要坚持统一和自治相结合、民族因素和区域因素相结合。落实民族区域自治制度，关键是帮助自治地方发展经济、改善民生。

基层群众自治制度是我国的一项基本政治制度。完善这一制度，发展基层民主，是社会主义民主政治建设的基础。要畅通民主渠道，健全基层选举、议事、公开、述职、问责等机制，促进群众在城乡社区治理、基层公共事务和公益事业中依法自我管理、自我服务、自我教育、自我监督。保障人民依法直接行使民主权利，切实防止出现人民形式上有权、实际上无权的现象。

四、巩固和发展最广泛的爱国统一战线

"人心是最大的政治，统一战线是凝聚人心、汇聚力量的强大法宝。完善大统战工作格局，坚持大团结大联合，动员全体中华儿女围绕实现中华民族伟大复兴中国梦一起来想、一起来干。"[1]统一战线是凝聚人心汇聚力量的强大法宝。在长期的革命、建设、改革过程中，已经结成由中国共产党领导的，有各民主党派和各人民团体参加的，包括全体社会主义劳动者、社会主义事业的建设者、拥护社会主义的爱国者、拥护祖国统一和致力于中华民族伟大复兴的爱国者的广泛的爱国统一战线。这个统一战线必将继续巩固和发展。

新时代统战工作取得的最大成果，是在实践中形成了习近平总书记关于做好新时代党的统一战线工作的重要思想，可概括为"十二个必须"：必须充分发挥统一战线的重要法宝作用，必须解决好人心和力量问题，必须正确处理一致性和多样性关系，必须坚持好发展好完善好中国新型政党制度，必须以铸牢中华民族共同体意识为党的民

---

[1] 习近平：《高举中国特色社会主义伟大旗帜　为全面建设社会主义现代化国家而团结奋斗——在中国共产党第二十次全国代表大会上的报告》，人民出版社2022年版，第39页。

族工作主线，必须坚持我国宗教中国化方向，必须做好党外知识分子和新的社会阶层人士统战工作，必须促进非公有制经济健康发展和非公有制经济人士健康成长，必须发挥港澳台和海外统战工作争取人心的作用，必须加强党外代表人士队伍建设，必须把握做好统战工作的规律，必须加强党对统战工作的全面领导。"十二个必须"涵盖了统一战线地位作用、本质要求、工作方针、任务重点、领导力量等基本问题，对加强和改进统战工作提出了一系列新理念新思想新战略，是一个内涵丰富、逻辑严密、系统完备的有机整体，是我们党的统一战线百年发展史的智慧结晶，是我们党对做好统战工作规律性认识的深化，是新时代统战工作的根本指针。

第三节　带领人民创造更加幸福美好生活

党的二十大强调："江山就是人民，人民就是江山。中国共产党领导人民打江山、守江山，守的是人民的心。治国有常，利民为本。为民造福是立党为公、执政为民的本质要求。必须坚持在发展中保障和改善民生，鼓励共同奋斗创造美好生活，不断实现人民对美好生活的向往。"[1]因此，要实现好、维护好、发展好最广大人民根本利益，紧紧抓住人民最关心最直接最现实的利益问题，坚持尽力而为、量力

---

[1] 习近平：《高举中国特色社会主义伟大旗帜　为全面建设社会主义现代化国家而团结奋斗——在中国共产党第二十次全国代表大会上的报告》，人民出版社2022年版，第46页。

而行，深入群众、深入基层，采取更多惠民生、暖民心举措，着力解决好人民群众急难愁盼问题，健全基本公共服务体系，提高公共服务水平，增强均衡性和可及性，扎实推进共同富裕。

一、在高质量发展中推进民生福祉

民生是人民幸福之基、社会和谐之本。增进民生福祉是我们党坚持立党为公、执政为民的本质要求。习近平总书记指出："让老百姓过上好日子是我们一切工作的出发点和落脚点。"

坚持在高质量发展中保障和改善民生。抓民生也是抓发展。民生连着内需，连着发展。做好经济社会发展工作，民生是指南针。持续不断改善民生，既能有效解决群众后顾之忧，调动人们发展生产的积极性，又可以增进社会消费预期，扩大内需，催生新的经济增长点，为经济发展、转型升级提供强大内生动力。要全面把握民生和发展相互牵动、互为条件的关系，为经济发展创造更多有效需求，使民生改善和经济发展有效对接、良性循环、相得益彰。

保障和改善民生既要尽力而为，又要量力而行。民生工作直接同老百姓见面、对账，承诺了就要兑现。决不能开空头支票，否则就会失信于民。要坚守底线、突出重点、完善制度、引导预期，持之以恒把民生工作抓好，一件事情接着一件事情办，一年接着一年干，锲而不舍向前走，让群众看到变化、得到实惠。同时，我国仍处于并将长期处于社会主义初级阶段，改善民生不能脱离这个最大实际提出过高目标。要坚持从实际出发，根据经济发展和财力状况逐步提高人民生活水平，做那些现实条件下可以做到的事情。做好民生工作必须坚持人人尽责，人人享有，让所有劳动者在推动发展中分享发展成果。要鼓励广大群众辛勤劳动、诚实劳动、创造性劳动，以共同奋斗创造美好生活。

二、巩固拓展脱贫攻坚成果

贫困是人类社会的顽疾，是全世界面临的共同挑战。贫困及其伴生的饥饿、疾病、社会冲突等一系列难题，严重阻碍人类对美好生活的追求。消除贫困是人类梦寐以求的理想，人类发展史就是与贫困不懈斗争的历史。

中国打赢脱贫攻坚战，如期实现脱贫攻坚目标任务，中国人民在创造美好生活、实现共同富裕的道路上迈出了坚实的一大步。但脱贫摘帽不是终点，而是新生活、新奋斗的起点。打赢脱贫攻坚战之后，要持续巩固拓展脱贫攻坚成果，做好同乡村振兴有效衔接。要坚决守住不发生规模性返贫底线。压紧压实各级巩固拓展脱贫攻坚成果责任，确保不松劲、不跑偏。强化防止返贫动态监测。进一步增强脱贫地区和脱贫群众内生发展动力，更加注重扶志扶智，聚焦产业就业，不断缩小收入差距、发展差距。要稳定完善帮扶政策保持脱贫地区信贷投放力度不减，按照市场化原则加大对帮扶项目的金融支持。深化东西部协作，组织东部地区经济较发达县（市、区）与脱贫县开展携手促振兴行动，带动脱贫县更多承接和发展劳动密集型产业。持续做好中央单位定点帮扶，调整完善结对关系。深入推进"万企兴万村"行动。

新思想进乡村

■ 中国民生银行围绕河南封丘县宋绣台屏等非遗艺术，打造公益文创产品，助力非遗文化传承

三、紧紧抓住人民最关心最直接最现实的利益问题

民生工作离老百姓最近，同老百姓生活最密切。必须抓住人民最关心最直接最现实的利益问题，抓住最需要关心的人群，在更高水平上实现幼有所育、学有所教、劳有所得、病有所医、老有所养、住有所居、弱有所扶，让人民有更多、更直接、更实在的获得感、幸福感、安全感。

一是实施就业优先战略。实施就业优先战略要促进高质量充分就业，这是党中央牢牢把握我国发展的阶段性特征，根据新形势新任务明确的目标要求。第一，强化就业优先政策。要突出经济发展的就业导向，要把就业作为经济发展的优先目标，优先发展吸纳就业能力强的行业、产业、企业，促进制造业高质量就业，扩大服务业就业，拓展农业就业空间，支持中小微企业和个体工商户持续稳定发展增加就业，促进数字经济领域就业创业，不断培育就业新的增长极。第二，健全就业公共服务体系，着力打造覆盖全民、贯穿全程、辐射全域、便捷高效的全方位就业公共服务体系，提升劳动力市场匹配效率。要完善公共就业服务制度，加强公共就业服务体系建设，增强公共就业服务能力。第三，完善重点群体就业支持体系，聚焦高校毕业生等重点群体，坚持市场化社会化就业与政府帮扶相结合，促进多渠道就业创业。要持续做好高校毕业生等青年就业工作，推进农村劳动力转移就业，加强退役军人就业保障和困难群体就业兜底帮扶，统筹做好下岗失业人员、去产能职工等再就业工作。第四，统筹城乡就业政策体系，促进劳动者合理有序流动，健全城乡劳动者平等参与市场竞争的就业机制。要推进城乡就业服务均等化，畅通劳动者社会性流动渠道，消除就业歧视。第五，推动解决结构性就业矛盾，加快提升劳动者技能素质，更好适应市场需求和经济社会高质量发展需要。要健全终身职业技能培训制度，多元化推进职业技能培训供给，提升职业技能培训质量，完善技能人才培养、使用、评价和激励机制，提高劳动者职业素养。第六，完善促进创业带动就业的保障制度，营造有利于创新创业创造的良好发展环境，激发市场活力和社会创造力，培育接续有力的就业新动能，放大就业倍增效应。要不断优化创业环境，加强创业政策支持，激发劳动者创业积极性主动性，支持和规范发展新就业形态。第七，完善劳动者权益保障制度，优化劳动者就业环境，提升劳动者收入和权益保障水平。要完善政府、工会、企业共同参与的协商协调机制，改善劳动者就业条件，维护劳动者合法权益，加强劳动者社会保障，强化灵活就业和新就业形态劳动者权益保障。

二是推动实现全体老年人享有基本养老服务。第一，建立健全基本养老服务清单制度，形成国家和地方基本养老服务清单，并探索建立基本养老服务清单随经济社会发展水平动态调整的长效机制，主动精准响应老年人基本养老服务需求，防止发生冲击道德底线的事件，筑牢兜实基本养老服务民生底线。第二，推动实现全体老年人享有基本养老服务的前提，是有供给充足、质量可靠、便捷可及、保障到位的基本养老服务。持续建设居家社区机构相衔接、医养康养相结合的养老服务体系，推动基本养老服务提供主体多元化、提供方式多样化，扩大基本养老服务供给合力。继续加大中央和地方财政投入，支持社会力量提供基本养老服务，坚持公益性主导，健全公办养老机构运营机制，优化对孤寡等特殊困难老年人的服务，强化国有经济在基本养老服务领域的有效供给，加快养老服务人才队伍建设，为基本养老服务高质量发展提供有力支撑。第三，补齐农村基本养老服务短板，坚持城乡统筹、区域统筹，推动基本养老服务资源向农村地区倾斜，实现城乡区域基本养老服务均等化。第四，增强便捷性、可及性，让基本养老服务应知尽知、应享尽享，让基本养老服务供需衔接更加顺畅，让老年人获取基本养老服务更加便捷可及、更加贴心暖心。

四、构建初次分配、再分配、第三次分配协调配套的制度体系

扎实推进共同富裕，必须完善分配制度。制度问题更带有根本性、全局性、稳定性和长期性，分配制度是促进共同富裕的基础性制

度。要在全国人民共同奋斗把"蛋糕"做大做好的基础上，通过合理的制度安排，把"蛋糕"切好分好，坚持按劳分配为主体、多种分配方式并存，构建初次分配、再分配、第三次分配协调配套的制度体系。

发挥好初次分配的基础性作用。要提高居民收入和劳动报酬比重，通过扩大就业和提高就业质量增加劳动者收入，提高劳动报酬在初次分配中的比重。要坚持多劳多得，着重增加劳动所得。完善劳动者工资决定、合理增长和支付保障机制，健全最低工资标准调整机制。要扩大中等收入群体，增加低收入者收入，着力提高中等收入家庭人口比重。要完善按要素分配政策制度，实行劳动、资本、土地、技术、管理、知识、数据等生产要素由市场评价贡献、按贡献决定报酬的机制，健全各类生产要素由市场决定报酬的机制，拓展和创新收入分配方式。

加大再分配的调节力度。要完善税收调节机制，优化税制结构，完善个人所得税以及消费、财产等方面税收制度，优化税收征管，有效调整税负差异性。要促进基本公共服务均等化，提高基本公共服务和社会保障能力，完善低收入人口保障服务，促进教育公平，优化养老和医疗保障体系，完善住房供应和保障体系、公共文化服务体系。要加大转移支付，增加财政转移支付，缩小区域人均财政支出差距，优化转移支付结构，强化转移支付管理，促进转移支付制度化、规范化。要规范收入分配秩序，消除分配不公、防止两极分化。

建立健全第三次分配机制。要支持有意愿有能力的企业、社会组织和个人积极参与公益慈善事业。要探索公益慈善活动有效实现形式，完善适合中国国情的慈善组织模式，探索各类新型捐赠模式，拓展慈善捐赠和志愿服务领域。要完善公益慈善事业政策法规体系和社会文化环境，落实公益慈善税收优惠政策，加强慈善领域法治建设，健全慈善综合监管体系，创造有利于公益慈善事业发展的社会环境。

五、在共建共治共享中推动实现社会治理现代化

社会治理是国家治理的重要领域，社会治理现代化是国家治理体系和治理能力现代化的题中应有之义。加强和创新社会治理，逐步实现社会治理结构的合理化、治理方式的科学化、治理过程的民主化，将有力推进国家治理现代化的进程。

当前，我国社会治理体系不断完善，社会安全稳定形势持续向好，人民生命财产安全得到有效维护，广大人民群众的安全感和满意度不断增强。也要清醒看到，在社会大局总体稳定的同时，社会利益

■ 青海省班玛县人民法院工作人员在解答当地牧民群众的法律咨询问题

关系日趋复杂，社会阶层结构分化，社会矛盾和问题交织叠加，人民群众对社会事务的参与意愿更加强烈，社会治理面临的形势环境更为复杂，我们的社会治理工作在很多方面还跟不上。

习近平总书记指出："社会治理是一门科学，管得太死，一潭死水不行；管得太松，波涛汹涌也不行。"[①]新时代进一步加强和创新社会治理，要坚持问题导向，把专项治理和系统治理、综合治理、依法治理、源头治理结合起来，坚定不移走中国特色社会主义社会治理之路，打造共建共治共享的社会治理格局，形成人人有责、人人尽责的社会治理共同体。必须正确处理维稳与维权、活力与秩序的关系，充分调动一切积极因素，确保社会既充满生机活力又保持安定有序。

要健全共建共治共享的社会治理制度，提升社会治理效能。在社会基层坚持和发展新时代"枫桥经验"，完善正确处理新形势下人民内部矛盾机制，加强和改进人民信访工作，畅通和规范群众诉求表达、利益协调、权益保障通道，完善网格化管理、精细化服务、信息化支撑的基层治理平台，健全城乡社区治理体系，及时把矛盾纠纷化解在基层、化解在萌芽状态。加快推进市域社会治理现代化，提高市域社会治理能力。强化社会治安整体防控，推进扫黑除恶常态化，依法严惩群众反映强烈的各类违法犯罪活动。发展壮大群防群治力量，营造见义勇为社会氛围，建设人人有责、人人尽责、人人享有的社会治理共同体。

---

① 《习近平关于社会主义社会建设论述摘编》，中央文献出版社2017年版，第125页。

第五章

坚持以人民为中心的发展思想

江山就是人民，人民就是江山。习近平总书记指出："中国共产党根基在人民、血脉在人民。坚持以人民为中心的发展思想，体现了党的理想信念、性质宗旨、初心使命，也是对党的奋斗历程和实践经验的深刻总结。"[①]中国共产党就是给人民办事的，就是要让人民的生活一天天好起来，一年比一年过得好。中国共产党自成立以来，一直都是奔着这个目标去的。

[①]《习近平谈治国理政》第4卷，外文出版社2022年版，第53页。

新思想进乡村

第一节　永远把人民对美好生活的向往作为奋斗目标

民心是最大的政治。中国共产党坚持把人民对美好生活的向往作为始终不渝的奋斗目标。一直以来，我们的目标很宏伟，但也很朴素，归根结底就是让全体中国人都过上更好的日子。

一、中国共产党的初心就是为人民谋幸福

中国共产党人的初心和使命，就是为中国人民谋幸福，为中华民族谋复兴。这个初心和使命是激励中国共产党人不断前进的根本动力，也是做好经济工作的强大动力。在革命战争年代，毛泽东指出："我们对于广大群众的切身利益问题，群众的生活问题，就一点也不能疏忽，一点也不能看轻""解决群众的穿衣问题，吃饭问题，住房问题，柴米油盐问题，疾病卫生问题，婚姻问题。总之，一切群众的实际生活问题，都是我们应当注意的问题。假如我们对这些问题注意了，解决了，满足了群众的需要，我们就真正成了群众生活的组织者，群众就会真正围绕在我们的周围，热烈地拥护我们"。[1]1954年，周恩来在第一届全国人民代表大会上所作的《政府工作报告》中也明确指出："社会主义经济的唯一目的，就在于满足人民的物质和文化的需要""如果我们不建设起强大的现代化的工业、现代化的农业、现

---

[1] 《毛泽东选集》第1卷，人民出版社1991年版，第136、136—137页。

代化的交通运输业和现代化的国防，我们就不能摆脱落后和贫困，我们的革命就不能达到目的"。①邓小平指出："坚持社会主义，首先要摆脱贫穷落后状态，大大发展生产力，体现社会主义优于资本主义的特点。要做到这一点，就必须把我们整个工作的重点转到建设四个现代化上来，把建设四个现代化作为几十年的奋斗目标。"②从党的十一届三中全会开始，我们把"四个现代化"建设、努力发展社会生产力作为压倒一切的中心任务。

党的十八大以来，党和国家高度重视民生工作。习近平总书记强调："江山就是人民、人民就是江山，打江山、守江山，守的是人民的心。"③中国共产党就是给人民办事的，就是要让人民的生活一天天好起来，一年比一年过得好。中国共产党执政的唯一选择就是为人民群众做好事，为人民群众幸福生活拼搏、奉献、服务。

二、中国共产党人坚持把"以人民为中心"落到实处

人民性是马克思主义最鲜明的品格。始终同人民在一起，为人民利益而奋斗，是马克思主义政党同其他政党的根本区别。中国共产党始终代表最广大人民根本利益，没有任何自己特殊的利益。坚持人民立场，就要把人民拥护不拥护、赞成不赞成、高兴不高兴、答应不答应作为衡量一切工作得失的根本标准。党的根基在人民、血脉在人民、力量在人民，人民是我们党执政的最大底气。发展为了人民，这

---

① 《周恩来年谱（一九四九——一九七六）》上卷，中央文献出版社1997年版，第413页。
② 《邓小平文选》第3卷，人民出版社1993年版，第224页。
③ 《习近平谈治国理政》第4卷，外文出版社2022年版，第9页。

是马克思主义政治经济学的根本立场。

人民对美好生活的向往就是我们的奋斗目标。以人民为中心，不是一个抽象玄奥的概念，更不是停留在口头上的口号，而是同人民最关心最直接最现实的利益紧密相关。纵观历史，我们党干革命、搞建设、抓改革，都是为了让人民过上幸福生活。进入新时代，我国社会主要矛盾已经转化为人民日益增长的美好生活需要和不平衡不充分的发展之间的矛盾，人民对美好生活的向往更加强烈，人民群众的需要呈现多样化多层次多方面的特点，其期盼有更好的教育、更稳定的工作、更满意的收入、更可靠的社会保障、更高水平的医疗卫生服务、更舒适的居住条件、更优美的环境、更丰富的精神文化生活。中国共产党要干的事情，就是要顺应人民群众对美好生活的向往，紧扣我国社会主要矛盾变化，积极回应人民群众所想、所盼、所急，始终为人民过上幸福生活而努力工作。

习近平总书记多次强调，群众利益无小事，要切实解决好群众的操心事、烦心事、揪心事。群众关心的就业、教育、社保、医疗、养老、托幼、住房等实实在在的事情，就是我们工作的重心所在。中国共产党所有的努力，就是要不断推动幼有所育、学有所教、劳有所得、病有所医、老有所养、住有所居、弱有所扶取得新进展。

第二节　依靠人民创造历史伟业

人民是历史的创造者，是决定党和国家前途命运的根本力量。我们党在不同历史时期，总是根据人民意愿和事业发展需要，提出富有感召力的奋斗目标，团结带领人民为之奋斗。新民主主义革命的胜利，社会主义基本制度的建立，为当代中国一切发展进步奠定了根本政治前提和制度基础。改革开放有力地推动了经济社会发展和人民生活改善，创造了经济快速发展和社会长期稳定两大奇迹。在全面建设社会主义现代化国家的新征程上，要在高质量发展中实现全体人民的共同富裕。

一、从新民主主义革命胜利到社会主义制度的确立

中国共产党带领中国人民历经28年浴血奋战最终赢得新民主主义革命的胜利，建立新中国，并依靠广大人民的支持扫除旧社会遗留的弊端，建立社会主义社会。社会主义制度的建立，为实现最广大人民群众的根本利益，为消除绝对贫困、减缓相对贫困、实现共同富裕奠定了厚实的制度保障基础。

第一，新民主主义革命取得胜利。新中国的诞生是中国共产党人为争取绝大多数人民的人权即基本生存权而浴血奋斗的硕果。它标志着中国人民受奴役、受欺凌，以及生存权、发展权无法得到保障的历

史已经一去不复返了。在旧中国,由于几千年封建制度的桎梏,以及鸦片战争以来三座大山的压迫,广大劳动人民长期过着食不果腹、衣不蔽体的贫困生活。随着新中国的成立,在中国共产党的领导下,人民当家做了主人,这就为摆脱贫困和实现共同富裕提供了根本条件,为中国反贫困事业翻开了崭新一页。

第二,土地改革完成。封建土地制度是造成农民贫穷和农业生产落后的总根源。土地改革是消灭封建剥削制度的社会变革,土地改革的完成使我国农村的土地占有关系发生了根本变化,在中国延续了2000多年的封建土地所有制被彻底废除,"耕者有其田"的理想在共产党的领导下变成了现实,长期被束缚的农村生产力获得了历史性的大解放,这对我国经济、政治、文化和城乡社会都产生了极为深刻的影响,是中国共产党领导中国人民反对封建主义斗争的历史性标志,为新中国的经济恢复发展与社会进步奠定了基础。

第三,社会主义制度在我国正式确立。我国社会主义制度的确立,是以对农业、手工业和资本主义工商业的社会主义改造基本完成,生产资料私有制的社会主义改造取得决定性胜利为标志的。通过完成对生产资料私有制的社会主义改造,我国基本上实现了生产资料公有制和按劳分配,建立起了社会主义经济制度。党领导确立人民代表大会制度、中国共产党领导的多党合作和政治协商制度、民族区域自治制度,为人民当家作主提供了制度保证。党领导实现和巩固全国各族人民的大团结,形成和发展各民族平等互助的社会主义民族关系,实现和巩固全国工人、农民、知识分子和其他各阶层人民的大团结,加强和扩大了广泛统一战线。至此,我国社会主义政治制度和经济制度都已经确立,社会主义制度建立起来了。

二、从解决温饱问题到达到小康水平

毛泽东在《湘江评论》创刊宣言中讲道:"世界什么问题最大?吃饭问题最大。"[①]实现共同富裕需要长期努力,但最为迫切的就是满足贫困群众对温饱的需求。我国幅员辽阔,人口众多,但基础差,底子薄。面对这样的具体国情,过去搞平均主义,吃大锅饭,实际上是共同落后,共同贫穷。只有让一部分人先富起来,通过富帮穷、先富帮后富,才能实现共同富裕。党的十一届三中全会以后,中央提出了一系列反贫困思想、论断,其成为指引我国反贫困实践的伟大旗帜。中国要谋求发展,摆脱贫困和落后,就必须开放。这个时期,改革开放成为我国消除绝对贫困、减缓相对贫困、实现共同富裕的根本途径。

一是实行家庭联产承包责任制。以家庭联产承包责任制为核心的土地制度改革,采取了统一经营与分散经营相结合的原则,使集体优越性和个人积极性同时得到发挥。家庭联产承包责任制以农户为承包单位,扩大了农民的自主权,发挥了小规模经营的长处,克服了管理过分集中和平均主义的弊病,高度激发了农民的生产积极性,彻底解决了农业生产上长期激励不足的难题,极大地解放了农村的生产力,促进了农业生产力的发展,粮食总产量从1978年的6095亿斤增至1984年的8146亿斤。同时,家庭联产承包责任制又继承了以往合作化的积极成果,坚持了土地等基本生产资料的公有制。家庭联产承包

---

① 《毛泽东年谱(一八九三——一九四九)》上卷,中央文献出版社1993年版,第42页。

责任制的实行，极大地提高了农民的收入，大幅度减少了农村贫困人口，成为以体制改革解决贫困问题的典范。

二是发展乡镇企业。20世纪80年代以来，我国的乡镇企业获得迅速发展，乡镇企业不仅成为中国农民脱贫致富的必由之路，而且成为国民经济的一个重要支柱。乡镇企业是独立自主的经济实体，周围农村联系密切，便于利用本地各种资源，经营范围广泛，几乎涉及各行各业，能容纳大量农村剩余劳动力。历史和现实表明，乡镇企业具有极大的适应性和顽强的生命力，能够因地制宜，积极开发利用本地优势资源，大力发展农副产品加工业、农用工业等，促进农村工业小区和集镇建设。我国大力发展乡镇企业的实践证明，乡镇企业极大地繁荣了农村经济，改变了农村落后的面貌，帮助了农村富余劳动力就业，增加了农民收入，改善了农民生活。同时，在这一时期，政府放

■ 江西乐平市鸬鹚乡农民在分拣香菇

松了对人口流动的限制，促进了农村劳动力非农化转移。这些体制改革成了我国农村扶贫的主要推动力，推动了农村经济增长，极大地改善了人民群众的生活面貌。

三是开展大规模有针对性的开发式扶贫。改革开放以来，中国扶贫开发规模之广、难度之大，绝无仅有；取得的成果之巨，也足以载入人类发展史册。中国农村贫困人口比例，从1990年的60%以上，下降到2014年的4.2%，现在又下降至更低。中国对全球减贫的贡献率超过70%，全世界每10人脱贫，就有7个来自中国。第一，坚持开发式反贫困工作方针，即在国家必要支持下，充分利用贫困地区自然资源，进行开发性生产建设，逐步形成我国贫困地区、贫困户的自我积累和发展能力，使之最终依靠自身力量解决温饱问题、脱贫致富。第二，以县为单位确立国家反贫困重点，形成按区域实施反贫困计划的基础。第三，增加扶贫资金、物资投入，扶持能够为贫困农户提供参与经济发展机会的生产开发项目。这一时期确定的开发式反贫困以区域开发作为切入点，从而带动扶贫工作的推进。第四，实施《国家八七扶贫攻坚计划》。该计划提出的扶贫攻坚的奋斗目标是把解决贫困人口温饱问题作为首要任务。千头万绪，温饱第一。该计划要求到20世纪末，使全国绝大多数贫困户年人均纯收入按1990年不变价格计算达到500元以上，扶持贫困户创造稳定解决温饱问题的基础条件，减少返贫人口；对集中连片的重点贫困地区安排大型开发项目。优先向贫困地区安排了一批水利、交通等基础设施项目和资源开发项目，带动当地农户就业，脱贫致富。

三、从全面建设小康社会到全面建成小康社会

到2020年全面建成小康社会，是中国共产党向人民、向历史作出的庄严承诺。党的十八大提出全面建成小康社会的目标，同党的十六大提出的全面建设小康社会奋斗目标和党的十七大提出的实现全面建设小康社会奋斗目标新要求相衔接，是实现共同富裕的关键一步。

一是实施西部大开发战略。我国的陆地边界，西部地区占了80%，加快西部地区的发展，对于我国未来的繁荣昌盛和长治久安，对于解决西部地区贫困问题和全面建成小康社会，具有极其重大的意义。第一，加快了西部地区基础设施建设。基础设施薄弱是制约西部地区发展的主要因素，不把基础设施搞上去，西部大开发就会遇到极大困难。中央加强了西部地区公路、铁路、机场、天然气管道等交通

■ 郑渝高铁重庆段进入运行试验阶段

运输基础设施建设，同时，加强了西部地区电网、通信和广播电视等基础设施建设，加快农村电网的改造，实施广播电视"村村通"计划。加强了农村水利设施建设，大力推行农业节水灌溉，着力抓好一批重点骨干工程。第二，加强了生态环境保护和建设。西部地区加快恢复林草植被，加快治理水土流失问题，坚决实行"退耕还林（草）、封山绿化、以粮代赈、个体承包"的措施。同时，我国把退耕还林还草同扶贫开发结合起来，结合西部地区实际情况选择树种草种，宜林则林，宜草则草，做到了生态林、用材林、经济林的合理搭配，既保证了当地农民的近期生活，也解决了其长远生计问题，使其得到了实惠。第三，发展了西部地区的旅游业。西部地区自然风光多姿多彩，历史古迹闻名遐迩，发展旅游业具有得天独厚的优势。西部地区通过保护好生态环境，改善交通卫生条件，提高服务质量，吸引天下游客来观光，使旅游业成为当地农民增收的重要渠道。

二是确立新世纪扶贫计划。21世纪初，在《国家八七扶贫攻坚计划》完成之后，我国农村贫困现象明显缓解，贫困人口大幅度减少。到2000年底，除了少数社会保障对象和生活在自然环境恶劣地区的贫困人口，以及部分残疾人以外，全国农村贫困人口的温饱问题已经基本解决，《国家八七扶贫攻坚计划》确定的战略目标基本实现。但是，初步解决了温饱问题的群众，由于生产生活条件尚未得到根本改变，他们的温饱还不稳定，我国巩固温饱成果的任务还很艰巨，温饱的标准还很低，需要继续把扶贫开发放在国民经济和社会发展的重要位置。为此，国家实施了新的扶贫计划——《中国农村扶贫开发纲要（2001—2010年）》，就是要尽快解决少数贫困人口温饱问题，进一步

新思想进乡村

改善贫困地区的基本生产生活条件，巩固温饱成果，把我国的扶贫开发事业推向一个新的阶段，为达到小康水平创造条件。第一，坚持开发式扶贫方针。以经济建设为中心，以市场为导向，帮助贫困地区开发当地资源，发展商品生产，改善生产条件，走出一条适合自身的发展道路。这是贫困地区脱贫致富的根本出路。第二，坚持综合开发、全面发展。把扶贫开发纳入国民经济和社会发展计划，既加强水利、交通、电力、通信等基础设施建设，又重视科技、教育、卫生、文化事业的发展。第三，坚持可持续发展。将扶贫开发与资源保护、生态建设相结合，实现资源、人口和环境的良性循环。第四，确定扶贫开发的重点。按照集中连片的原则，国家把贫困人口集中的中西部少数民族地区、革命老区、边疆地区和特困地区作为扶贫开发的重点，在这些地区确定扶贫开发工作重点县。

■ 雅砻江两河口水电站全部机组投产发电

第五章
坚持以人民为中心的发展思想

三是实施精准扶贫方略，打赢脱贫攻坚战。党的十八大以来，我国开始实施精准扶贫方略，目的就是要拿出"绣花"的功夫，做到对症下药、精准滴灌、靶向治疗，不能再搞大水漫灌、走马观花式扶贫。具体来看，就是注重抓六个精准：扶贫对象精准、项目安排精准、资金使用精准、措施到户精准、因村派人精准、脱贫成效精准。为了做到上述六个精准，就需要解决好以下四个方面的问题：第一，解决好"扶持谁"的问题。精准识别贫困人口是精准施策的前提，只有知道谁是贫困户、贫困人口，才能有针对性地采取扶贫对策。因此，各地花了大量时间和精力进行建档立卡，就是要弄清楚精准扶贫的对象是谁。第二，解决好"谁来扶"的问题。党中央、国务院主要负责统筹制定脱贫攻坚的大政方针，出台重大政策举措。地方上"五

■ "溜索医生"邓前堆以前坐溜索到江对岸出诊（左图），如今他出诊归来驾驶私家车过桥（右图）

级书记一起抓,层层签订军令状",尤其是县级党委和政府承担主体责任,县委书记和县长是第一责任人。第三,解决好"怎么扶"的问题。针对不同致贫原因导致的贫困,开出不同的"药方",实施"五个一批"工程。第四,解决好"如何退"的问题。建立第三方评估机制,杜绝"数字脱贫",增强脱贫工作绩效的可信度。

四、从富裕到全体人民共同富裕

"富裕"更多强调生产力发展水平,即"做大蛋糕";"共同"更多强调社会主义先进生产关系,即"分好蛋糕";因此,"共同富裕"就要同时强调生产力和生产关系,既要"做大蛋糕",又要"分好蛋糕"。党的十八大以来,党中央把握发展阶段新变化,把逐步实现全体人民共同富裕摆在更加重要的位置。共同富裕是社会主义的本质要求,是中国式现代化的重要特征。实现中国式现代化与推动共同富裕在阶段目标上也高度一致,在2035年基本实现社会主义现代化的时候,全体人民共同富裕也要取得更为明显的实质性进展,基本公共服务实现均等化;到21世纪中叶建成社会主义现代化强国的时候,全体人民共同富裕的目标要基本实现。

共同富裕不是"养懒人","等靠要""懒惰""躺平"只会离共同富裕越来越远。天上不会掉馅饼,世界上也从来没有"免费的午餐",什么时候都不要想象可以敲锣打鼓、欢天喜地实现共同富裕,唯有奋斗和辛勤劳动,不断跨越新时代的"雪山草地""娄山关""腊子口",才能实现共同富裕。共同富裕的程度和经济社会发展的水平是一个水涨船高的关系,水浅划小船,水深行大船。经济社会发展是一个从低水平向高水平不断推进的过程，共同富裕也必将经历一个从低级到高级、从不均衡到均衡的过程，即使达到很高水平也会有差别，不是同步同等富裕。各地区在推进共同富裕的进程上会有差异，不可能完全同步；在水平上也会有差异，不可能完全同等。不同人群实现富裕的程度有高有低，时间上也会有先有后，不可能齐头并进。这就需要立足国情、立足经济社会发展水平来思考设计推动共同富裕的政策，既不要裹足不前、铢施两较、该花的钱却不花，也不要吊高胃口、好高骛远、口惠而实不至。

第三节　朝着实现全体人民共同富裕不断迈进

共同富裕是社会主义的本质要求，是中国式现代化的重要特征。自中国共产党成立以来，一代又一代的中国共产党人始终将实现共同富裕作为奋斗目标，"一张蓝图"绘到底。从理论的视角来看，中国共产党人在不断地传承和发展共同富裕思想。马克思和恩格斯指出："过去的一切运动都是少数人的，或者为少数人谋利益的运动。无产阶级的运动是绝大多数人的，为绝大多数人谋利益的独立的运动。"[1]中国共产党人始终坚持共产主义理想，未来共产主义社会必然要实现共同富裕。

---

[1]《马克思恩格斯选集》第1卷，人民出版社2012年版，第411页。

一、共同富裕是中国式现代化的重要特征

实现共同富裕，是中国共产党人的不懈追求，是中国式现代化的重要特征。综观近代以来的世界历史进程，共同富裕并不是人类现代化的普遍特征。一些发达国家的工业化和现代化历程推进了几百年，但并没有实现共同富裕。资本主义社会的发展只会离共同富裕的目标越来越远，因为生产社会化和生产资料私人占有之间的矛盾不可调和，资本与劳动的对立导致两极分化越来越严重，贫富差距只会越来越大。西方现代化仅仅只是现代化发展的一种模式，不仅以剥削与压榨本国劳动人民为前提，而且以武力掠夺世界、野蛮开拓海外殖民地为支撑。

相反，中国共产党领导下的中国式现代化，始终代表广大人民根本利益，始终坚持走和平发展道路，真正以实现共同富裕为根本目标。习近平总书记指出，我们推动经济社会发展，归根结底是要实现全体人民共同富裕。在我国社会主义制度下，我们既要不断创造社会财富实现现代化，又要防止两极分化，实现人的全面发展和全体人民的共同富裕。从发展远景来看，实现中国式现代化与推动共同富裕在阶段目标上也高度一致：到2035年，基本实现社会主义现代化，同时人民生活更加美好，全体人民共同富裕取得更为明显的实质性进展，基本公共服务实现均等化；到21世纪中叶，把我国建成富强民主文明和谐美丽的社会主义现代化强国，全体人民共同富裕的目标要基本实现，居民收入和实际消费水平差距缩小到合理区间。

二、坚持以经济建设为中心

发展是推动共同富裕的永久动力，它为我国政治建设、文化建设、社会建设、生态文明建设持续蓄力。只有始终坚持以经济建设为中心、把发展作为党执政兴国的第一要务，才能为实现共同富裕奠定坚实基础。改革开放以来坚持以经济建设为中心，中国经济发展取得巨大成就。国内生产总值从1978年的3679亿元增长到2021年的114.92万亿元，中国成为世界第二大经济体、制造业第一大国、货物贸易第一大国，多年来对世界经济贡献率超过30%。居民人均收入由1978年的171元增长到2021年的3.5万元，中等收入群体持续扩大，基本养老保险覆盖超过10亿人，医疗保险覆盖超过13亿人，基础设施不断完善。到2020年底，我国历史性地解决了绝对贫困问题，如期全面建成小康社会，人民生活水平显著提高。我国经济实力、科技实力、综合国力跃上新的大台阶。这些成就的取得为实现共同富裕奠定了基础。

习近平总书记指出："从根本上说，没有扎扎实实的发展成果，没有人民生活不断改善，空谈理想信念，空谈党的领导，空谈社会主义制度优越性，空谈思想道德建设，最终意识形态工作也难以取得好的成效。只要国内外大势没有发生根本变化，坚持以经济建设为中心就不能也不应该改变。"[1]今天我们站在世界第二大经济体、制造业第一大国、货物贸易第一大国的成就上，站在全面打赢脱贫

---

[1]《习近平关于社会主义经济建设论述摘编》，中央文献出版社2017年版，第5页。

攻坚战、在我们这样一个14亿多人口大国全面建成小康社会的成就上，才能更好地讲社会主义制度的优越性。以经济建设为中心是兴国之要，这是坚持党的基本路线100年不动摇的根本要求，也是解决当代中国一切问题的根本要求。发展是基础，经济不发展，一切都无从谈起。

三、"两个毫不动摇"是实现共同富裕的"定海神针"

毫不动摇巩固和发展公有制经济，毫不动摇鼓励、支持、引导非公有制经济发展，保证各种所有制经济依法平等使用生产要素、依法公平参与市场竞争、同等受到法律保护，是当前坚持和完善我国社会主义基本经济制度的核心。

国有企业始终将实现共同富裕的目标作为发展壮大的使命。坚持公有制为主体和共同富裕密不可分，共同富裕是坚持公有制为主体的必然结果，公有制为主体是实现共同富裕的内在要求。共同富裕作为中国改革开放的一大根本原则，必须要在国有企业发展壮大中得到具体落实和充分体现。国有企业是全国人民的企业，是造福全民、服务社会的企业。国有企业效益提升，最能得到实惠的就是国有企业的"大股东"——全国人民。做强做优做大国有企业，发展壮大国有经济，对于发挥社会主义制度的优越性，增强我国经济实力、国防实力、国家竞争力和民族凝聚力，具有关键性作用；对于提高人民生活水平，实现共同富裕，保持社会稳定，建设中国特色社会主义，具有十分重要的意义；对于后起工业化国家实现"换道超车"，实现从跟跑到并跑再到领跑的巨大飞跃，具有十分重要的借鉴价值。

第五章
坚持以人民为中心的发展思想

■ 中国海油恩平15-1原油钻采平台

非公有制经济已经成为我国实现共同富裕不可或缺的力量。我国民营企业不断发展壮大，贡献了全国50%以上的税收，60%以上的国内生产总值，70%以上的技术创新成果，80%以上的城镇劳动就业，90%以上的企业数量。民营经济已经成为推动我国实现共同富裕不可或缺的力量，成为创业就业的主要领域、技术创新的重要主体、国家税收的重要来源，对我国社会主义市场经济发展、政府职能转变、农村富余劳动力转移、国际市场开拓等发挥了重要作用。民营经济是我国经济制度的内在要素，民营企业和民营企业家是我们自己人。民营经济是社会主义市场经济发展的重要成果，是推动社会主义市场经济发展的重要力量，是推进供给侧结构性改革、推动高质量发展、建设现代化经济体系的重要主体，也是我们党长期执政、团结带领全国人民实现中华民族伟大复兴中国梦的重要力量。

四、构建初次分配、再分配、第三次分配协调配套的制度安排

分配制度是实现共同富裕的主要手段。初次分配主要由市场机制形成,是按照各生产要素对国民收入贡献的大小进行的分配。既要坚持多劳多得,增加劳动者特别是一线劳动者劳动报酬,提高劳动报酬在初次分配中的比重;又要健全劳动、资本、土地、知识、技术、管理、数据等生产要素由市场评价贡献、按贡献决定报酬的机制。再分配主要由政府调节机制起作用,主要手段包括税收、社会保障、转移支付等。第三次分配是在道德、文化、习惯等影响下,社会力量自愿通过民间捐赠、慈善事业、志愿行动等方式济困扶弱的行为,是对再分配的有益补充。随着我国经济发展和社会文明程度提高,社会公益和慈善意识会不断增强,第三次分配发挥的作用会越来越大。

五、加快完善社会主义市场经济体制

党的十八大以来,我们坚持全面深化改革,充分发挥经济体制改革的牵引作用,不断完善社会主义市场经济体制,极大调动了亿万人民的积极性,极大促进了生产力发展。党的十八届三中全会深刻总结历史经验,明确提出"使市场在资源配置中起决定性作用和更好发挥政府作用"[1]的科学论断。这是我们党对中国特色社会主义规律认识的一个新突破,标志着社会主义市场经济发展进入了一个新阶段。党的二十大再次要求"构建高水平社会主义市场经济体制",要"坚持

---

[1] 《中共中央关于全面深化改革若干重大问题的决定》,人民出版社2013年版,第5页。

社会主义市场经济改革方向"。①新时代加快完善社会主义市场经济体制，要全面贯彻新发展理念，充分发挥市场在资源配置中的决定性作用，更好发挥政府作用，使各方面体制改革都以完善社会主义市场经济体制为目标，构建市场机制有效、微观主体有活力、宏观调控有度的经济体制。

六、实现共同富裕是"持久战"

任何事物的发展都需要经历一个从量变到质变的过程，实现共同富裕同样是一个长期的历史过程，不可能毕其功于一役，不能把长期目标短期化、系统目标碎片化。实现共同富裕，既不能消极等待、无所作为，也不能急躁冒进、急于求成。必须清醒地认识到，我国仍处于并将长期处于社会主义初级阶段，这是我国的基本国情，没有变；我国仍然是世界上最大的发展中国家，这是我国基本的国际地位，也没有变。我国当前尚存在大量短板，发展不平衡不充分的问题突出，城乡差距、区域差距、收入差距较为明显，供给结构对需求的适配性不高，统筹发展和安全的压力较大，住房、教育、医疗、养老等民生领域的短板有待补齐，中等收入群体规模有待扩大。因此，实现共同富裕是一项长期艰巨的任务，只能一步一个脚印、脚踏实地向前推进。

---

① 习近平：《高举中国特色社会主义伟大旗帜　为全面建设社会主义现代化国家而团结奋斗——在中国共产党第二十次全国代表大会上的报告》，人民出版社2022年版，第29、28页。

第六章

协调推进"四个全面"战略布局

"四个全面"是习近平总书记在党的十八大后逐步提出的我国发展的战略布局,是党在新形势下治国理政的总方略。党的十八大提出"全面建成小康社会",党的十八届三中全会提出"全面深化改革",党的十八届四中全会提出"全面推进依法治国"。2014年12月,习近平总书记在江苏调研时首次提出包括全面建成小康社会、全面深化改革、全面推进依法治国、全面从严治党的"四个全面"。2015年2月,习近平总书记在省部级主要领导干部研讨班开班式上以"战略布局"定位"四个全面"。2017年10月,党的十九大提出,新时代中国特色社会主义事业战略布局是"四个全面",并将之写入党章。2020年10月底,随着全面建成小康社会取得决定性进展,党的十九届五中全会对"四个全面"战略布局作出新的表述,将"全面建成小康社会"调整为"全面建设社会主义现代化国家"。"四个全面"战略布局,确立了新时代党和国家各项工作的战略目标和战略举措,为实现中华民族伟大复兴的中国梦、建设富强民主文明和谐美丽的社会主义现代化强国提供了重要保障。

第一节　全面建成社会主义现代化强国

2012年11月29日，党的十八大闭幕不久，习近平总书记率中央政治局常委和中央书记处的同志来到国家博物馆，参观《复兴之路》展览。习近平总书记深情指出："现在，大家都在讨论中国梦，我以为，实现中华民族伟大复兴，就是中华民族近代以来最伟大的梦想。"[①] 习近平总书记在党的二十大报告中指出："从现在起，中国共产党的中心任务就是团结带领全国各族人民全面建成社会主义现代化强国、实现第二个百年奋斗目标，以中国式现代化全面推进中华民族伟大复兴。"[②]

一、全面建成社会主义现代化强国是从现在起中国共产党的中心任务

中华民族是世界上伟大的民族，有着5000多年源远流长的文明历史，为人类文明进步作出了不可磨灭的贡献。中国古代的四大发明对全世界产生了广泛影响。英国人李约瑟在《中国科学技术史》中指出，在现代科学技术登场前的10多个世纪，中国在科技和知识方面的

---

① 《习近平谈治国理政》第1卷，外文出版社2018年版，第36页。
② 习近平：《高举中国特色社会主义伟大旗帜　为全面建设社会主义现代化国家而团结奋斗——在中国共产党第二十次全国代表大会上的报告》，人民出版社2022年版，第21页。

积累远胜于西方。16世纪前,影响人类的重大科技发明约有300项,其中中国人的发明有175项。1840年鸦片战争以后,由于西方列强入侵和封建统治腐败,中国逐步沦为半殖民地半封建社会,国家蒙辱、人民蒙难、文明蒙尘。中国被割占了数百万平方公里的土地,被攫取了13亿多两白银的所谓"赔款",中华民族遭受了前所未有的劫难。2013年12月27日,习近平总书记在一次重要会议上指出:"我经常看中国近代的一些史料,一看到落后挨打的悲惨情景就痛彻肺腑!"① 为了拯救民族危亡,中国人民奋起反抗,仁人志士奔走呐喊,进行了不屈不挠、气壮山河的斗争。太平天国运动、洋务运动、戊戌变法、义和团运动接连而起,但都以失败告终。孙中山领导的辛亥革命推翻了统治中国几千年的君主专制制度,但并没能改变中国半殖民地半封建的社会性质和中国人民的悲惨命运。

建设一个现代化的强国,实现中华民族伟大复兴,是近代以来中国人民和中华民族最伟大的梦想,是中华民族的最高利益和根本利益。谁能够承担起这一历史重任,谁就能够赢得中国人民的衷心拥护。中国共产党一经成立就把为中国人民谋幸福、为中华民族谋复兴确立为自己的初心使命。中国共产党成立以来,团结带领中国人民所进行的一切奋斗,就是为了把我国建设成为现代化强国,实现中华民族伟大复兴。1949年新中国成立时人均国民收入仅几十美元,而现在,我国经济总量超过10万亿美元,成为世界第二大经济体、第一大工业国、第一大货物贸易国、第一大外汇储备国。100多年来,中国

---

① 《习近平关于总体国家安全观论述摘编》,中央文献出版社2018年版,第54页。

新思想进乡村

共产党团结带领人民进行了艰苦卓绝的斗争，取得了革命、建设、改革的伟大胜利，迎来了从站起来、富起来到强起来的伟大飞跃，迎来了从落后时代、跟上时代再到引领时代的伟大跨越，开创和发展了中国特色社会主义。党的十八大以来，中国特色社会主义进入新时代。以习近平同志为核心的党中央带领全国各族人民接续奋斗，在中华大地上全面建成了小康社会，现行标准下9899万农村贫困人口全部脱贫，历史性地解决了绝对贫困问题，实现了中华民族的千年梦想和党的第一个百年奋斗目标，创造了新时代中国特色社会主义的伟大成就，为实现中华民族伟大复兴提供了更为完善的制度保证、更为坚实的物质基础、更为主动的精神力量，实现中华民族伟大复兴进入了不可逆转的历史进程。

■ 中国民生银行帮扶河南滑县建设的小麦"民生田"喜获丰收

二、全面建成社会主义现代化强国的战略安排和目标任务

重视战略安排是中国共产党治国理政的重要经验。习近平总书记指出："战略问题是一个政党、一个国家的根本性问题。战略上判断得准确，战略上谋划得科学，战略上赢得主动，党和人民事业就大有希望。"① 习近平总书记在党的二十大报告中提出，全面建成社会主义现代化强国，总的战略安排是分两步走："从二〇二〇年到二〇三五年基本实现社会主义现代化；从二〇三五年到本世纪中叶把我国建成富强民主文明和谐美丽的社会主义现代化强国。"②

综合考虑我国未来发展的基础条件和各种风险挑战，党的二十大报告围绕基本实现社会主义现代化，从八个方面进一步明确了到2035年我国发展的总体目标任务：经济实力、科技实力、综合国力大幅跃升，人均国内生产总值迈上新的大台阶，达到中等发达国家水平；实现高水平科技自立自强，进入创新型国家前列；建成现代化经济体系，形成新发展格局，基本实现新型工业化、信息化、城镇化、农业现代化；基本实现国家治理体系和治理能力现代化，全过程人民民主制度更加健全，基本建成法治国家、法治政府、法治社会；建成教育强国、科技强国、人才强国、文化强国、体育强国、健康中国，国家文化软实力显著增强；人民生活更加幸福美好，居民人均可支配收入再上新台阶，中等收入群体比重明显提高，基本公共服务实现均

---

① 《习近平著作选读》第1卷，人民出版社2023年版，第252页。
② 习近平：《高举中国特色社会主义伟大旗帜 为全面建设社会主义现代化国家而团结奋斗——在中国共产党第二十次全国代表大会上的报告》，人民出版社2022年版，第24页。

新思想进乡村

等化,农村基本具备现代生活条件,社会保持长期稳定,人的全面发展、全体人民共同富裕取得更为明显的实质性进展;广泛形成绿色生产生活方式,碳排放达峰后稳中有降,生态环境根本好转,美丽中国目标基本实现;国家安全体系和能力全面加强,基本实现国防和军队现代化。

在基本实现现代化的基础上,我们要继续奋斗,到21世纪中叶,把我国建设成为富强民主文明和谐美丽的社会主义现代化强国。到那时,我国将实现物质文明、政治文明、精神文明、社会文明、生态文明全面提升,实现国家治理体系和治理能力现代化,成为综合国力和国际影响力领先的国家,全体人民共同富裕基本实现,我国人民将享有更加幸福安康的生活,具有5000多年文明历史的中华民族将以更加昂扬的姿态屹立于世界民族之林。

■ 山海情

第二节　将全面深化改革进行到底

革命是历史的火车头，任何事物的向前发展都需要不断进行革命。40多年前，安徽省凤阳县小岗村实行家庭联产承包责任制的创举如同一声春雷，使中国的改革开放率先在农村取得突破，成为改革开放的实践起点。党的十一届三中全会以后，我国改革开放走过波澜壮阔的历程，取得举世瞩目的成就。党的十八大以来，习近平总书记亲自谋划、亲自部署、亲自推动全面深化改革，领导全党全国人民开创了我国改革开放新局面。

■ 广深港高铁全线开通运营，从深圳北站开往香港西九龙站的G5711次高铁乘务员展示纪念牌

一、改革开放是决定当代中国命运的关键一招

改革开放是当代中国最鲜明的特色，也是当代中国共产党人最鲜明的品格。习近平总书记指出："改革开放是党和人民大踏步赶上时代的重要法宝，是坚持和发展中国特色社会主义的必由之路，是决定当代中国命运的关键一招，也是决定实现'两个一百年'奋斗目标、实现中华民族伟大复兴的关键一招。"[①]改革开放极大改变了中国的面貌、中华民族的面貌、中国人民的面貌、中国共产党的面貌。没有改革开放，就没有中国的今天，也就没有中国的明天。

一个时代有一个时代的问题，一代人有一代人的使命。改革之初更多是"增量改革"，绝大多数人能从中受益。随着改革进入攻坚期和深水区，更多是利益增进和利益调整并存，遇到的阻力越来越大。习近平总书记指出："容易的、皆大欢喜的改革已经完成了，好吃的肉都吃掉了，剩下的都是难啃的硬骨头。"[②]党中央深刻认识到，时代发展永无止境，解放思想永无止境，改革开放也永无止境，改革只有进行时、没有完成时。

新时代坚持和发展中国特色社会主义，根本动力仍然是全面深化改革。2013年11月，我们党召开了十八届三中全会，审议通过了《中共中央关于全面深化改革若干重大问题的决定》，深刻剖析了我国改革发展稳定面临的重大理论和实践问题，对全面深化改革进行顶层设计，提出全面深化改革的总体方案、路线图、时间表，实现了改革

---

① 习近平：《在庆祝改革开放40周年大会上的讲话》，人民出版社2018年版，第21页。
② 《习近平谈治国理政》第1卷，外文出版社2018年版，第101页。

理论和政策的一系列新的重大突破。《中共中央关于党的百年奋斗重大成就和历史经验的决议》中指出:"党的十一届三中全会是划时代的,开启了改革开放和社会主义现代化建设新时期。党的十八届三中全会也是划时代的,实现改革由局部探索、破冰突围到系统集成、全面深化的转变,开创了我国改革开放新局面。"[①]在前进道路上,要进一步解放思想、进一步解放和发展社会生产力、进一步解放和增强社会活力,迎难而上、攻坚克难,推动党和人民事业在不断深化中阔步前进。

二、全面深化改革是有方向、有立场、有原则的

方向问题事关党的前途命运和事业兴衰成败。改革开放是一场深刻革命,必须坚持正确方向、沿着正确道路推进才能取得成功。习近平总书记指出:"全面深化改革,全面者,就是要统筹推进各领域改革,就需要有管总的目标,也要回答推进各领域改革最终是为了什么、要取得什么样的整体结果这个问题。"[②]全面深化改革总目标是完善和发展中国特色社会主义制度、推进国家治理体系和治理能力现代化。这句话的前半句规定了根本方向,后半句规定了在根本方向指引下完善和发展中国特色社会主义制度的鲜明指向,二者构成统一的整体。只有坚持二者都讲,才是完整的、全面的。

深刻理解和准确把握全面深化改革总目标,是贯彻落实好各项改

---

① 《中共中央关于党的百年奋斗重大成就和历史经验的决议》,人民出版社2021年版,第37页。

② 习近平:《论坚持人民当家作主》,中央文献出版社2021年版,第58页。

革举措的关键。国家治理体系和治理能力是中国特色社会主义制度及其执行能力的集中体现。从总体来看，我国的国家治理体系和治理能力是适应我国国情和发展要求的。同时，相比我国经济社会发展的要求和人民群众的期待，相比当今世界日趋激烈的国际竞争，相比实现国家长治久安，我国的国家治理体系和治理能力仍有许多亟待改进的地方。因此，要通过全面深化改革，建立健全适应实践发展要求的体制机制，提高科学执政、民主执政、依法执政水平，建设高素质干部队伍，不断推进国家治理体系和治理能力现代化，更好地发挥中国特色社会主义的制度优势。

全面深化改革是有立场的，要以促进社会公平正义、增进人民福祉为出发点和落脚点。习近平总书记指出："我们推进改革的根本目的，是要让国家变得更加富强、让社会变得更加公平正义、让人民生活得更加美好。"[①]全面深化改革要坚持以人民为中心的价值取向，把为人民谋幸福作为检验改革成效的标准。老百姓关心什么、期盼什么，改革就要抓住什么、推进什么。要通过改革，创新制度安排，营造更加公平的社会环境，努力克服人为因素造成的各种有违公平的现象，让改革开放成果更好惠及广大人民群众。

全面深化改革必须坚持正确的方法论，在不断实践探索中推进。习近平总书记指出，"在推进改革中，要坚持正确的思想方法，坚持辩证法，处理好解放思想和实事求是的关系、整体推进和重点突破的关系、全局和局部的关系、顶层设计和摸着石头过河的关系、胆子要

---

① 《习近平主席新年贺词（2014—2018）》，人民出版社2018年版，第19页。

大和步子要稳的关系、改革发展稳定的关系"[1]。

三、推进高水平对外开放

对外开放是中国的基本国策。开放成为当代中国的鲜明标识。进入新时代，对外开放面临着深刻复杂的外部形势变化。从国际看，当今世界正经历百年未有之大变局，世界经济动能不足问题凸显，发展不平衡、收入分配不平衡问题日益严峻，国际贸易和投资壁垒不断提高，单边主义、保护主义、霸凌行径不断上升，经济全球化遭遇波折，多边主义和自由贸易受到冲击。

习近平总书记指出："站在新的历史起点，中国开放的大门只会越开越大。"[2]党的十八大以来，以习近平同志为核心的党中央实施更加主动的开放战略，推动共建"一带一路"成为深受欢迎的国际公共产品和国际合作平台，充分彰显了推动建设开放型世界经济、构建人类命运共同体的责任担当。习近平总书记在党的二十大报告中进一步强调："推进高水平对外开放。依托我国超大规模市场优势，以国内大循环吸引全球资源要素，增强国内国际两个市场两种资源联动效应，提升贸易投资合作质量和水平。"[3]这一重要论述，为我国在更高起点、更高层次、更高目标上持续推进对外开放指明了前进方向。"中国大市场"正在成为"世界大机遇"。

---

[1] 习近平：《论坚持党对一切工作的领导》，中央文献出版社2019年版，第37页。
[2] 《习近平外交演讲集》第2卷，中央文献出版社2022年版，第227页。
[3] 习近平：《高举中国特色社会主义伟大旗帜　为全面建设社会主义现代化国家而团结奋斗——在中国共产党第二十次全国代表大会上的报告》，人民出版社2022年版，第32页。

■ 西安—巴塞罗那中欧班列在西安市新筑车站等待发车

第三节　全面推进依法治国

2020年3月，中央全面依法治国委员会印发《关于加强法治乡村建设的意见》，提出走符合中国国情、体现新时代特征的中国特色社会主义法治乡村之路。加强法治乡村建设是实施乡村振兴战略、推进全面依法治国的基础性工作。党的十八大以来，以习近平同志为核心的党中央从战略和全局高度定位法治、布局法治、厉行法治，以前所未有的决心、举措和力度推进全面依法治国，取得一系列重大成就，创造性提出了一系列具有原创性、标志性的全面依法治国新理念新思想新战略，形成了习近平法治思想。

■ 重庆市江津区基层法官在巡回法庭审理案件

一、依法治国是国家治理的一场深刻革命

全面依法治国是中国特色社会主义的本质要求和重要保障。全面依法治国包括立法、执法、司法、普法等各方面的环节，在协调推进"四个全面"战略布局中具有基础性、保障性作用。党的十八届四中全会第一次以中央全会形式专门研究全面依法治国，部署180多项重大改革举措。党的十九大描绘了到2035年基本建成法治国家、法治政府、法治社会的宏伟蓝图。党的十九届三中全会决定组建中央全面依法治国委员会，加强党对法治中国建设的集中统一领导。2020年11月召开的中央全面依法治国工作会议，第一次以党中央工作会议形式研究部署全面依法治国，明确习近平法治思想的指导地位。

法治兴则国家兴，法治强则国家强。法治是社会文明进步的显著标志，是国家治理体系和治理能力的重要依托。党的二十大报告提出，全面依法治国是国家治理的一场深刻革命，关系党执政兴国，关系人民幸福安康，关系党和国家长治久安。

法治是治国理政不可或缺的手段，是实现国家治理体系和治理能力现代化的必然要求。习近平总书记反复强调："法治兴则国家兴，法治衰则国家乱。什么时候重视法治、法治昌明，什么时候就国泰民安；什么时候忽视法治、法治松弛，什么时候就国乱民怨。"[①] 当前，我国改革发展稳定形势总体是好的。但同时也要看到，发展不平衡、不协调、不可持续问题依然突出，党风政风也存在一些问题，人民内部矛盾和其他社会矛盾错综复杂，其中大量矛盾和问题都与有法不依、执法不严、违法不究相关。人民群众对法治建设的要求和期待越来越高，依法治国在党和国家工作全局中的地位更加突出、作用更加重大。

党的二十大报告提出，必须更好发挥法治固根本、稳预期、利长远的保障作用，在法治轨道上全面建设社会主义现代化国家。要围绕保障和促进社会公平正义，坚持法治国家、法治政府、法治社会一体建设，全面推进科学立法、严格执法、公正司法、全民守法，全面推进国家各方面工作法治化。

二、坚定不移走中国特色社会主义法治道路

习近平总书记指出，全面依法治国，必须走对路，如果路走错了，南辕北辙了，那再提什么要求和举措也都没有意义了。全面推进

---

① 《习近平关于全面依法治国论述摘编》，中央文献出版社2015年版，第8页。

依法治国，总目标是建设中国特色社会主义法治体系，建设社会主义法治国家。中国特色社会主义法治道路，是社会主义法治建设成就和经验的集中体现，是建设社会主义法治国家的唯一正确道路。

走中国特色社会主义法治道路，最根本的是坚持党的领导。习近平总书记明确指出："党和法的关系是一个根本问题，处理得好，则法治兴、党兴、国家兴；处理得不好，则法治衰、党衰、国家衰。"[1]我国宪法确认了中国共产党的执政地位，确认了党在国家政权结构中总揽全局、协调各方的核心地位，这是中国特色社会主义最本质的特征，是社会主义法治最根本的保证。坚持党的领导是社会主义法治的根本要求，是全面依法治国的题中应有之义。坚持党的领导不是一句空的口号，必须贯彻到全面依法治国全过程和各方面，特别是体现在党领导立法、保证执法、支持司法、带头守法上，把依法治国基本方略同依法执政基本方式统一起来。

走中国特色社会主义法治道路，必须坚持人民主体地位，这是社会主义法治的基本属性。人民是依法治国的主体和力量源泉。我国社会主义制度保证了人民当家作主的主体地位，也保证了人民在全面推进依法治国中的主体地位。要坚持法治为了人民、依靠人民、造福人民、保护人民，把体现人民利益、反映人民愿望、维护人民权益、增进人民福祉落实到依法治国全过程。

走中国特色社会主义法治道路，要坚持依法治国与以德治国相结合。法安天下，德润人心。法律是成文的道德，道德是内心的法

---

[1] 《习近平关于全面依法治国论述摘编》，中央文献出版社2015年版，第33页。

律。法律和道德都具有规范社会行为、调节社会关系、维护社会秩序的作用，在国家治理中都有其地位和功能。要发挥法治对道德的保障作用。法律是底线的道德，也是道德的保障。以法治承载道德理念，道德才有可靠制度支撑。要使法律法规体现鲜明道德导向，运用法治手段解决道德领域中的问题，让遵法守纪者扬眉吐气，让违法失德者寸步难行。要强化道德对法治的支撑作用，把道德要求贯彻到法治建设中，重视发挥道德的教化作用，注重培养人民的法律信仰、法治观念、规则意识，提高全社会文明程度，为全面依法治国创造良好人文环境。

全面依法治国，必须抓住领导干部这个"关键少数"。纵观人类政治文明史，权力是一把双刃剑，在法治轨道上行使可以造福人民，在法律之外行使则必然祸害国家和人民。各级党政组织、领导干部手中的权力是党和人民赋予的，是上下左右有界受控的，不是可以为所欲为、随心所欲的。要把厉行法治作为治本之策，把权力运行的规矩立起来、讲起来、守起来，真正做到谁把法律当儿戏，谁就必然要受到法律的惩罚，解决好"权大还是法大"这个真命题。

第四节 坚定不移全面从严治党

2014年12月13日，习近平总书记在江苏省镇江市丹徒区世业镇永茂圩自然村考察时，74岁的老人崔荣海挤到人群前，紧紧握住习近平总书记的手说："您是腐败分子的克星,全国人民的福星!"全面建设社会主义现代化国家、全面推进中华民族伟大复兴,关键在党,关键在坚持党要管党、全面从严治党。党的十八大以来,以习近平同志为核心的党中央以前所未有的勇气和定力推进全面从严治党,推动新时代全面从严治党取得了历史性、开创性成就,产生了全方位、深层次影响。

■ 福建省建瓯市接访工作人员在小桥镇墟日接受群众来访

一、持之以恒推进全面从严治党

打铁必须自身硬。全面从严治党是一场伟大的自我革命。马克思指出,无产阶级革命与其他革命的不同之处就在于:它自己批评自己,并靠批评自己壮大起来。正是通过批评和自我批评,不断消除党内滋生的腐化力量,共产党才得以保持纯洁的无产阶级革命品质。勇于自我革命,既是中国共产党区别于世界上其他政党的显著标志,也是中国共产党百余年来最鲜明的品格。中国共产党的百余年奋斗史，就是一部勇于自我革命的历史。我们党作为世界上最大的马克思主义执政党，要始终赢得人民拥护、巩固长期执政地位，必须时刻保持解决大党独有难题的清醒和坚定。党面临的执政考验、改革开放考验、市场经济考验、外部环境考验将长期存在，精神懈怠危险、能力不足危险、脱离群众危险、消极腐败危险将长期存在。

在一个时期内，有些党员、干部政治信仰出现严重危机，一些地方和部门选人用人风气不正，形式主义、官僚主义、享乐主义和奢靡之风盛行，特权思想和特权现象较为普遍存在。特别是搞任人唯亲、排斥异己的有之，搞团团伙伙、拉帮结派的有之，搞匿名诬告、制造谣言的有之，搞收买人心、拉动选票的有之，搞封官许愿、弹冠相庆的有之，搞自行其是、阳奉阴违的有之，搞尾大不掉、妄议中央的也有之，政治问题和经济问题相互交织，贪腐程度触目惊心。[①]这些问题对党的全面领导造成了严重冲击，影响党的形象和威信，严重损害党群干群关系，引起广大党员、干部群众强烈不满和义愤。

治国必先治党，治党务必从严。习近平总书记深刻指出："党的十八大之前，面对一个时期以来党内存在的突出问题，全党是忧心忡忡的，我是忧心忡忡的。想来想去，打铁必须自身硬。"[②]2014年10月8日，习近平总书记在党的群众路线教育实践活动总结大会上首次提出"全面推进从严治党"的重大命题，给出了新时代管党治党的新方

---

① 《中共中央关于党的百年奋斗重大成就和历史经验的决议》，人民出版社2021年版，第29页。

② 习近平：《在全国组织工作会议上的讲话》，人民出版社2018年版，第2页。

案。全面从严治党，核心是加强党的领导，基础在全面，关键在严，要害在治。"全面"就是管全党、治全党，面向全体党员、党组织，覆盖党的建设各个领域、各个方面、各个部门，重点是抓住"关键少数"。"严"就是真管真严、敢管敢严、长管长严。"治"就是从党中央到地方各级党委，从中央部委、国家机关部门党组（党委）到基层党支部，都要肩负起主体责任，党委书记要把抓好党建当作分内之事、必须担当的职责；各级纪委要担负起监督责任，敢于瞪眼黑脸，勇于执纪问责。

经过不懈努力，全面从严治党取得了历史性、开创性成就，党找到了自我革命这一跳出治乱兴衰历史周期率的第二个答案。习近平总书记在党的二十大报告中强调指出："全党必须牢记，全面从严治党永远在路上，党的自我革命永远在路上，决不能有松劲歇脚、疲劳厌战的情绪，必须持之以恒推进全面从严治党，深入推进新时代党的建设新的伟大工程，以党的自我革命引领社会革命。"[1]要健全全面从严治党体系，全面推进党的自我净化、自我完善、自我革新、自我提高，使我们党坚定初心使命，始终成为中国特色社会主义事业的坚强领导核心。

二、深入推进新时代党的建设新的伟大工程

党的十九大提出了新时代党的建设总要求，这就是：坚持和加强党的全面领导，坚持党要管党、全面从严治党，以加强党的长期执政

---

[1] 习近平：《高举中国特色社会主义伟大旗帜　为全面建设社会主义现代化国家而团结奋斗——在中国共产党第二十次全国代表大会上的报告》，人民出版社2022年版，第64页。

能力建设、先进性和纯洁性建设为主线，以党的政治建设为统领，以坚定理想信念宗旨为根基，以调动全党积极性、主动性、创造性为着力点，全面推进党的政治建设、思想建设、组织建设、作风建设、纪律建设，把制度建设贯穿其中，深入推进反腐败斗争，不断提高党的建设质量，把党建设成为始终走在时代前列、人民衷心拥护、勇于自我革命、经得起各种风浪考验、朝气蓬勃的马克思主义执政党。这个总要求，确立了新时代党的建设的原则、方针、目标、主线、总体布局和战略部署，是推进新时代党的建设新的伟大工程和全面从严治党的总纲领、总遵循。

把党的政治建设摆在首位。政治属性是政党的第一位属性，政治建设是政党建设的第一位要求。旗帜鲜明讲政治是我们党作为马克思主义政党的根本要求。习近平总书记强调，"党的政治建设是党的根本性建设，决定着党的建设方向和效果"①。党内存在的各种问题，从根本上讲，都与政治建设软弱乏力、政治生活不严肃不健康有关。党的政治建设的首要任务，就是保证全党服从中央，坚持党中央权威和集中统一领导，绝不能有丝毫含糊和动摇。要深刻领悟"两个确立"的决定性意义，增强"四个意识"、坚定"四个自信"、做到"两个维护"，自觉在思想上政治上行动上同以习近平同志为核心的党中央保持高度一致。

思想建设是党的基础性建设。理想信念是共产党人精神上的"钙"。习近平总书记指出："共产党人如果没有信仰、没有理想，或

---

① 习近平：《在全国组织工作会议上的讲话》，人民出版社2018年版，第4页。

信仰、理想不坚定，精神上就会'缺钙'，就会得'软骨病'，就必然导致政治上变质、经济上贪婪、道德上堕落、生活上腐化。"①用党的创新理论武装全党，坚持用习近平新时代中国特色社会主义思想统一思想、统一意志、统一行动。加强理想信念教育，引导全党牢记党的宗旨，解决好世界观、人生观、价值观这个总开关问题，自觉做共产主义远大理想和中国特色社会主义共同理想的坚定信仰者和忠实实践者。

贯彻新时代党的组织路线。严密的组织体系是党的优势所在、力量所在。党的全面领导、党的全部工作要靠党的坚强组织体系去实现。基层党组织是党的肌体的"神经末梢"，是党执政大厦的地基。基础不牢，地动山摇。要坚持大抓基层的鲜明导向，抓党建促乡村振兴，加强城市社区党建工作，把基层党组织建设成为宣传党的主张、贯彻党的决定、领导基层治理、团结动员群众、推动改革发展的坚强战斗堡垒。

作风建设永远在路上。党的作风就是党的形象，关系人心向背，关系党的生死存亡。作风问题的核心是党同人民群众的关系问题。要紧紧围绕保持党同人民群众的血肉联系，始终坚持走群众路线，增强群众观念和群众感情，锲而不舍落实中央八项规定精神，坚决反对形式主义、官僚主义、享乐主义和奢靡之风。

严明党的纪律，使纪律真正成为带电的高压线。没有铁的纪律，就没有党的团结统一，就无法确保党具有凝聚力和战斗力。党的纪律和规矩是党的各级组织、全体党员必须遵守的行为准则。党面临的形

---

① 《习近平关于总体国家安全观论述摘编》，中央文献出版社2018年版，第33页。

势越复杂、任务越艰巨,就越要把纪律建设摆在更加突出位置,坚持纪严于法、纪在法前,把纪律和规矩挺在前面。

坚持制度治党、依规治党,全方位扎紧制度笼子。加强党内法规制度建设,是全面从严治党的长远之策、根本之策。要以党章为根本遵循,本着于法周延、于事有效的原则,制定新的法规制度,完善已有的法规制度,废止不适应的法规制度,加快形成覆盖党的领导和党的建设各方面的党内法规制度。要坚持和完善党和国家监督体系,强化对权力运行的制约和监督,让人民监督权力,让权力在阳光下运行。

坚决打赢反腐败斗争攻坚战持久战。人民群众最痛恨腐败现象。腐败是危害党的生命力和战斗力的最大毒瘤。反腐败是最彻底的自我革命。习近平总书记指出:"党风廉政建设和反腐败斗争是一场输不起的斗争","不得罪成百上千的腐败分子,就要得罪十三亿人民。这是一笔再明白不过的政治账、人心向背的账!"[1]只要滋生腐败的土壤依然存在,反腐败斗争就一刻不能停,必须永远吹冲锋号。坚持无禁区、全覆盖、零容忍,坚持"老虎"露头就要打,"苍蝇"乱飞也要拍,严厉整治发生在群众身边的腐败问题。深化标本兼治,着力构建不敢腐、不能腐、不想腐的体制机制,推进反腐败国家立法,加强新时代廉政文化建设,教育引导广大党员干部增强不想腐的自觉,清清白白做人、干干净净做事,使严厉惩治、规范权力、教育引导紧密结合、协调联动,不断提升腐败治理的实际成效,通过不懈努力换来海晏河清、朗朗乾坤。

---

[1]《习近平关于全面从严治党论述摘编》,中央文献出版社2016年版,第186页。

第七章

统筹发展和安全，推进祖国统一

　　统筹发展和安全、谋划国防和军队建设、推进祖国统一是新时代坚持和发展中国特色社会主义、实现中华民族伟大复兴的必然要求。党的十八大以来，以习近平同志为核心的党中央创造性地提出了坚持总体国家安全观，创立了习近平强军思想，深刻阐述了"一国两制"方针在新时代港澳工作中的基本立场和重大原则，并提出了一系列思考解决台湾问题、推进祖国统一的理论新成果。它们既一脉相承、一以贯之，又与时俱进、丰富发展，使我们党对国家安全、军队建设、"一国两制"的认识提升到了新的高度和境界。

第一节 坚决维护国家主权、安全、发展利益

实现中华民族伟大复兴的中国梦，保证各族人民安居乐业，国家安全是头等大事。国家的核心利益集中体现在国家主权、安全、发展利益等方面。当前，世界正经历百年未有之大变局，中华民族正处于伟大复兴的关键时期，错综复杂的国际环境带来的新矛盾新挑战显著增多。党的十八大以来，以习近平同志为核心的党中央把维护国家主权、安全、发展利益摆在党和国家工作全局的突出位置，创造性提出总体国家安全观，提出铸牢中华民族共同体意识的重大原创性论断，作出一系列重要决策部署，全面构建和完善了维护国家主权、安全、发展利益的理论体系、政策体系、制度体系、实践体系。

一、提出总体国家安全观

习近平总书记强调："我们党要巩固执政地位，要团结带领人民坚持和发展中国特色社会主义，保证国家安全是头等大事。"[①] 在国家安全的内涵和外延比历史上任何时候都要丰富、国家安全的时空领域比历史上任何时候都要宽广、影响国家安全的内外因素比历史上任何时候都要复杂的背景下，2014年4月15日，习近平总书记在十八届中央国家安全委员会第一次会议上首次提出总体国家安全观，并阐述

---

① 《习近平关于社会主义社会建设论述摘编》，中央文献出版社2017年版，第169页。

了总体国家安全观的基本内涵、指导思想和贯彻原则等。他深刻指出，"必须坚持总体国家安全观，以人民安全为宗旨，以政治安全为根本，以经济安全为基础，以军事、文化、社会安全为保障，以促进国际安全为依托，走出一条中国特色国家安全道路"[①]，并强调构建集政治安全、国土安全、军事安全、经济安全、文化安全、社会安全、科技安全、信息安全、生态安全、资源安全、核安全等于一体的国家安全体系。党的十九大报告把国家安全工作放在突出的重要位置，明确将"坚持总体国家安全观"纳入新时代坚持和发展中国特色社会主义的基本方略，作为习近平新时代中国特色社会主义思想的重要组成部分。习近平总书记在党的二十大报告中更是强调，推进国家安全体系和能力现代化，坚决维护国家安全和社会稳定。

由此看来，总体国家安全观关键在"总体"，强调的是做好国家安全工作的系统思维和方法，突出的是"大安全"理念，涵盖政治、军事、国土、经济、文化、社会、科技、网络、生态、资源、核、海外利益、太空、深海、极地、生物等诸多领域，无所不在，而且将随着社会发展不断拓展。"安而不忘危，存而不忘亡，治而不忘乱"的忧患意识是中华民族的重要精神特质，是我们党治国理政的一个重大原则。贯彻落实总体国家安全观，关键要做到"五个坚持"，即坚持统筹发展和安全两件大事，坚持人民安全、政治安全、国家利益至上的有机统一，坚持立足于防又有效处置风险，坚持维护和塑造国家安全，坚持科学统筹。

[①] 《习近平关于社会主义政治建设论述摘编》，中央文献出版社2017年版，第9页。

新思想进乡村

河南农业大学开展"全民国家安全教育进校园"宣传教育活动

二、维护重点领域国家安全

维护重点领域国家安全是主阵地、主战场，全面贯彻落实总体国家安全观，要聚焦重点，抓纲带目，把确保政治安全作为首要任务，统筹推进各重点领域国家安全工作。

其中，政治安全攸关党和国家安危，是国家安全的根本，维护政治安全必须牢牢掌握意识形态领域的领导权和话语权，坚定"四个自信"，坚决防范和抵御"颜色革命"，坚决遏制西方敌对势力渗透颠覆破坏活动，始终坚持党对一切工作的领导，坚持全面从严治党，牢固树立"四个意识"；国土安全是立国之基，维护国土安全要提升维护国土安全能力、加强边防海防空防建设、周密组织边境管控和海上维权行动、坚决捍卫领土主权和海洋权益、有效遏制侵害我国国土安全的各种图谋和行为、坚决反对一切分裂祖国的活动；经济安全是国家安全的基础，维护经济安全需坚持中国特色社会主义基本经济制度不动摇、建设现代化经济体系、打好防范化解金融风险这场攻坚战、把发展实体经济作为重中之重；社会安全与人民群众切身利益关系最密切，要大力推进平安中国建设、完善立体化社会治安防控体系、坚决打击恐怖主义、加强公共安全工作，让人民群众增强安全感；网络安全问题已经成为我国面临的最复杂、最现实、最严峻的非传统安全问题之一，要加强网络综合治理，形成从技术到内容、从日常安全到打击犯罪的网络治理合力，加强关键信息基础设施网络安全防护，加强网络安全预警监测，切实维护国家网络空间主权安全；和平稳定的国际环境和国际秩序是国家安全的重要保障，维护外部安全要做到坚定奉行独立自主的和平外交政策，坚持走和平发展道路，切实维护我国

■ 澳门特别行政区第六届"全民国家安全教育展"

海外利益安全，努力形成强有力的海外利益安全保障体系，并加强安全领域国际合作，为全球安全治理不断贡献智慧和力量。

三、增强忧患意识、防范风险挑战

我们党是生于忧患、成长于忧患、壮大于忧患的政党。习近平总书记指出："我们共产党人的忧患意识，就是忧党、忧国、忧民意识，这是一种责任，更是一种担当。"[①] 当前，我国正处于一个大有可为的历史机遇期，发展形势总的是好的，大局是稳定的，但我们面临的风险也是多方面的，有外部风险，也有内部风险，有一般风险，也有重大风险。重大风险既包括国内的经济、政治、意识形态、社会风险以及来自自然界的风险，也包括国际经济、政治、军事风险等。特别需要注意的是，各种威胁和挑战联动效应明显，各种矛盾风险挑战源、各类矛盾风险挑战点相互交织、相互作用，如果发生重大风险又扛不住，国家安全就可能面临重大威胁，实现中华民族伟大复兴的进程就可能迟滞或被迫中断。因此，必须把防风险摆在突出位置，着力破解各种矛盾和问题，力争不出现重大风险或在出现重大风险时扛得住、过得去。

切实做好防范化解重大风险工作，就要加强战略预判和风险预警，提高风险化解能力，不断完善自身风险治理体系。预判风险所在是防范风险的前提，把握风险走向是谋求战略主动的关键，要力争把风险化解在源头，防止各种风险传导、叠加、演变、升级。提

---

① 《习近平关于全面从严治党论述摘编》，中央文献出版社2016年版，第5页。

高风险化解能力,透过复杂现象把握本质,抓住要害、找准原因,果断决策,善于引导群众、组织群众,善于整合各方力量、科学排兵布阵,有效予以处理。完善风险治理体系,建立健全风险研判机制、决策风险评估机制、风险防控协同机制、风险防控责任机制,促进制度建设和治理效能更好转化融合,善于运用制度优势应对风险挑战冲击。

新的征程上,我们必须增强忧患意识、始终居安思危,贯彻总体国家安全观,统筹发展和安全,统筹中华民族伟大复兴战略全局和世界百年未有之大变局,深刻认识我国社会主要矛盾变化带来的新特征新要求,深刻认识错综复杂的国际环境带来的新矛盾新挑战,敢于斗争,善于斗争,逢山开道、遇水架桥,勇于战胜一切风险挑战。

第二节 把人民军队全面建成世界一流军队

在中国革命、建设和改革的各个历史时期,我们党都根据形势任务的变化,把马克思主义基本原理与中国军事实践相结合,明确提出人民军队建设发展的目标要求。进入新时代,在总结我们党建军治军成功经验、深刻洞察国际战略格局和国家安全形势的深刻变化、着力解决军队建设面临的突出矛盾和问题、深刻把握和科学运用当今时代军队建设客观规律的基础上,以习近平同志为核心的党中央对国防和军队建设作出深邃思考和战略规划,提出了党在新时代的强军战略。

一、实现党在新时代的强军目标

党的十八大以来，如何建设同我国国际地位相称、同国家安全和发展利益相适应的巩固国防和强大人民军队，是关系军队建设的重大战略问题。习近平总书记在2012年11月29日参观《复兴之路》展览时强调："实现中华民族伟大复兴，就是中华民族近代以来最伟大的梦想。"[1] 同年12月，习近平总书记在南海之滨进一步指出："这个梦想是强国梦，对军队来说，也是强军梦。"[2] 强国必须强军，军强才能国安。2013年3月，在十二届全国人大一次会议解放军代表团全体会议上，习近平总书记庄严宣告："建设一支听党指挥、能打胜仗、作风优良的人民军队，是党在新形势下的强军目标。"[3] 2017年8月1日，在中国人民解放军建军90周年之际，习近平总书记提出，把我们这支英雄的人民军队建设成为世界一流军队。2个多月后，党在新时代的强军目标被写入党的十九大报告。在这次党的全国代表大会上，习近平总书记重申，"党在新时代的强军目标是建设一支听党指挥、能打胜仗、作风优良的人民军队，把人民军队建设成为世界一流军队"[4]。

听党指挥是人民军队的立军之本、强军之魂，关系我军性质和宗旨、关系社会主义前途命运、关系党和国家长治久安，无论时代如何

---

[1] 《习近平谈治国理政》第1卷，外文出版社2018年版，第36页。
[2] 《习近平谈治国理政》第1卷，外文出版社2018年版，第219页。
[3] 《习近平谈治国理政》第1卷，外文出版社2018年版，第220页。
[4] 习近平：《决胜全面建成小康社会 夺取新时代中国特色社会主义伟大胜利——在中国共产党第十九次全国代表大会上的报告》，人民出版社2017年版，第19页。

发展、形势如何变化，我们这支军队永远是党的军队、人民的军队。要始终把思想政治建设摆在军队各项建设首位，确保全军在任何时候任何情况下都坚决听从党中央、中央军委指挥。能打胜仗是强军之要，反映军队的根本职能和军队建设的根本指向，习近平总书记早在2012年12月考察广州战区时就强调，"要牢记，能打仗、打胜仗是强军之要，必须按照打仗这个标准搞建设抓准备，确保军队能够做到召之即来、来之能战、战之必胜"①。建设一流的军队，必须牢固树立战斗力这个唯一的根本标准。作风优良是强军之基，是我军的鲜明特色和政治优势，关系军队的性质、宗旨、本色。我们紧紧扭住全面从严治党、全面从严治军不放松，狠抓作风建设正本清源，坚持厉行法治固化养成，使反腐败斗争取得压倒性胜利并全面巩固，部队新风正气不断上扬。听党指挥、能打胜仗、作风优良，三者相互联系、密不可分，明确了我们党领导的人民军队的样子，是建军治军的要害，决定着军队发展方向，也决定着军队前途命运。

二、坚持党对人民军队的绝对领导

军队归谁领导、听谁指挥，是军队建设的根本问题。党对军队绝对领导，是我们党在血与火的斗争中得出的真理。1927年，三湾改编创造性地确立了"党指挥枪""支部建在连上"等人民军队建军原则，确立了党对军队的绝对领导。1929年，古田会议解决了如何把一支以农民为主要成分的军队建设成为共产党领导下的新型人民军队的历

---

① 《习近平关于全面深化改革论述摘编》，中央文献出版社2014年版，第113页。

史性课题，牢固确立了党对军队绝对领导的根本原则和制度。此后，无论是革命战争年代，还是新中国成立后的和平建设时期，我们党都反复强调对军队的绝对领导。党的十八大以来，习近平总书记扭住坚持党对军队绝对领导这个关键。党的十九届四中全会把"坚持党指挥枪"作为我国国家制度和国家治理体系13个显著优势之一，把"党对人民军队的绝对领导"上升为中国特色社会主义的一项根本制度。

党对军队绝对领导的根本原则和制度，是人民军队完全区别于一切旧军队的政治特质和根本优势，是我军的军魂和命根子，是中国特色社会主义的本质特征。

坚持党对人民军队的绝对领导，关键是要达到"绝对"这两个字的要求。这是恪守根本建军原则的鲜明态度，强调了坚持党的领导的唯一性、彻底性和无条件性，我军必须做到绝对忠诚、绝对纯洁、绝对可靠。在坚决维护党中央权威这个重大原则问题上，习近平总书记强调："头脑要特别清醒，态度要特别鲜明，行动要特别坚决，不能有任何动摇、任何迟疑、任何含糊。"[1]为此，既要在全军强化政治意识、大局意识、核心意识、看齐意识，又必须加强和改进高级干部的教育、管理和监督工作，坚定听党指挥、绝对忠诚可靠的政治自信和政治自觉。

三、全力推进国防和军队现代化

在"两个一百年"奋斗目标的历史交汇期，加快把国防和军队建设搞上去，必须以更高的站位、更全面的视域、更长远的眼光搞好军

---

[1] 《习近平关于总体国家安全观论述摘编》，中央文献出版社2018年版，第65页。

队建设发展的顶层设计和战略谋划。党的十九大、党的十九届五中全会、党的十九届六中全会对全面推进国防和军队现代化建设作出战略安排，强调全面推进军事理论现代化、军队组织形态现代化、军事人员现代化、武器装备现代化，力争到2035年基本实现国防和军队现代化，到21世纪中叶把人民军队全面建成世界一流军队。这体现了与国家现代化进程相一致、强国与强军相统一的战略考量。加快推进国防和军队现代化，为全面建设社会主义现代化国家贡献强军力量，为实现中华民族伟大复兴提供战略支撑。

第三节 坚持"一国两制"和推进祖国统一

一、"一国两制"是中国特色社会主义的伟大创举

"一国两制"科学构想由邓小平在20世纪80年代第一次明确提出，主要内涵是：在一个中国的前提下，国家主体实行社会主义制度，香港、澳门和台湾保持原有的资本主义制度长期不变。全面准确贯彻"一国两制"方针，必须正确理解和把握"一国"和"两制"的关系。"一国"是根，"两制"是叶，两者是统一的，根深才能叶茂，要牢固树立"一国"意识，坚守"一国"原则。与此同时，对于在一个国家内部如何处理两种根本对立的制度的问题，首先，必须认识到，"两制"并非"等量齐观"，即国家主体的社会主义制度和香港、澳门等地的资本主义制度的关系并不平等，国家主体制度是特别行政

区实行资本主义制度、保持繁荣稳定的前提和保障,特别行政区实行的资本主义制度不能挑战和动摇作为主体的社会主义制度。其次,"两制"要相互尊重,尊重和包容对方所实行的社会制度以及意识形态方面的差异,正如习近平总书记明确强调的,"在'一国'的基础之上,'两制'的关系应该也完全可以做到和谐相处、相互促进"[①]。

"一国两制"的提出首先是为了实现和维护国家统一。在"一国两制"方针的指引下,香港、澳门分别于1997年7月1日和1999年12月20日回归祖国,香港、澳门特别行政区成立,并从回归之日起被重新纳入国家治理体系,中央政府拥有对特别行政区的全面管治权,特别行政区依法实行高度自治,充分行使中央授予的行政管理权、立法权、独立的司法权和终审权。"一国两制"作为一项前无古人的制度创新,是中国为国际社会解决类似问题提供的一个新思路新方案,是中国共产党和中国人民对人类政治文明发展的重大贡献。党的十九届四中全会总结的中国特色社会主义制度和国家治理体系所具有的显著优势之一,就是坚持"一国两制",保持香港、澳门长期繁荣稳定,促进祖国和平统一。

党的十八大以来,以习近平同志为核心的党中央在推进国家治理体系和治理能力现代化的过程中,确保"一国两制"方针不会变、不动摇,确保"一国两制"实践不变形、不走样,牢牢把握"一国两制"方针的最高原则,即维护国家主权、安全、发展利益;牢牢把握"三个有机结合",即把坚持"一国"原则和尊重"两制"差异、维护

---

① 《习近平谈治国理政》第2卷,外文出版社2017年版,第435页。

中央权力和保障特别行政区高度自治权、发挥祖国内地坚强后盾作用和提高港澳自身竞争力有机结合起来，任何时候都不能偏废；牢牢把握"三条底线"，即绝不能允许任何危害国家主权安全、挑战中央权力和基本法权威、利用特别行政区对内地进行渗透破坏的活动。

二、坚持"一国两制"，保持香港、澳门长期繁荣稳定

党的十八大以来，习近平总书记多次强调，中央贯彻落实"一国两制"、严格按照基本法办事的方针不会变。在港澳工作领域，中央审时度势，严格依照宪法和基本法治港治澳，接连推出系列治港治澳重大举措，坚定落实"爱国者治港""爱国者治澳"原则，构建维护国家安全的制度体系、坚决反对外部势力干预港澳事务，并支持港澳融入国家发展大局，这使得港澳取得了举世瞩目的发展成就，并为实现中华民族伟大复兴发挥了重要作用。

首先，坚持依法治港治澳。针对港澳特别行政区的治理，习近平总书记深刻指出法治的重要性，他强调"人类社会发展的事实证明，依法治理是最可靠、最稳定的治理""要善于运用法治思维和法治方式进行治理"。[①] 宪法是国家根本大法，是特别行政区制度的法律渊源，而基本法是根据宪法制定的基本法律，规定了在港澳特别行政区实行的制度和政策，宪法和基本法共同构成港澳特别行政区的宪制基础。坚持"一国两制"，必须维护宪法、遵守基本法，同时依照宪法和基本法办事。与此同时，要把维护中央对特别行政区全面管治权和保障

---

① 《习近平关于社会主义政治建设论述摘编》，中央文献出版社2017年版，第95页。

特别行政区高度自治权有机结合。中央全面管治权和港澳高度自治权是授权和被授权的关系，中央对特别行政区的授权是正式授权、充分授权、依法授权，也是迄今不曾有过的最大限度授权，中央授予多少权，特别行政区作为中国的地方行政区域，就有多少权，不存在"剩余权力"的问题。

其次，发展壮大爱国爱港爱澳力量。习近平总书记在党的二十大报告中明确提出"落实'爱国者治港'、'爱国者治澳'原则"[①]，这是继党的十九大报告强调"坚持爱国者为主体的'港人治港'、'澳人治澳'"[②]后，习近平总书记站在历史、现实和未来的战略高度，首次将"爱国者治港""爱国者治澳"郑重写进党的全国代表大会报告中。这一原则作为"一国两制"方针的核心要义，明确了"港人治港""澳人治澳"的界限和标准，是港澳回归祖国、成为中华人民共和国的特别行政区、纳入国家治理体系后的必然要求。十三届全国人大四次会议通过了《全国人民代表大会关于完善香港特别行政区选举制度的决定》，十三届全国人大常委会第二十七次会议通过了新修订的《中华人民共和国香港特别行政区基本法附件一香港特别行政区行政长官的产生办法》和《中华人民共和国香港特别行政区基本法附件二香港特别行政区立法会的产生办法和表决程序》。

再次，防范和反对外部势力干预港澳事务。我们要坚决反对外部势力干预港澳事务，巩固港澳安定团结的良好局面。面对近些年来在

[①] 习近平：《高举中国特色社会主义伟大旗帜　为全面建设社会主义现代化国家而团结奋斗——在中国共产党第二十次全国代表大会上的报告》，人民出版社2022年版，第57页。

[②] 习近平：《决胜全面建成小康社会　夺取新时代中国特色社会主义伟大胜利——在中国共产党第十九次全国代表大会上的报告》，人民出版社2017年版，第56页。

香港出现的严重损害公共秩序和危害国家安全的行为，2020年6月30日，根据《全国人民代表大会关于建立健全香港特别行政区维护国家安全的法律制度和执行机制的决定》，十三届全国人大常委会第二十次会议通过了《中华人民共和国香港特别行政区维护国家安全法》（以下简称"香港国安法"）。根据该法，我国设立了香港特别行政区维护国家安全委员会、中央人民政府驻香港特别行政区维护国家安全公署。香港国安法堵住了香港特别行政区维护国家安全方面的法律漏洞，筑牢了在香港特别行政区防控国家安全风险的制度屏障，很好地展现了"一国"和"两制"的统一，是香港繁荣稳定的"守护神"。

最后，支持港澳融入国家发展大局。支持港澳融入国家发展大局是我国进入新时代以来中央治港治澳的新方针，既是中国共产党坚强领导和奋发有为的结果，也是港澳被重新纳入国家治理体系后更加积极主动参与国家治理实践带来的制度建设需求。对香港、澳门来说，"一国两制"是最大的优势，国家改革开放是最大的舞台，共建"一带一路"、粤港澳大湾区建设等是新的重大机遇。习近平总书记对香港、澳门未来的发展提出四点希望：一是更加积极主动助力国家全面开放；二是更加积极主动融入国家发展大局，从深化粤港澳合作、泛珠三角区域合作到推进粤港澳大湾区建设；三是更加积极主动参与国家治理实践，即积极参与国家经济、政治、文化、社会、生态文明建设，自觉维护国家安全；四是更加积极主动促进国际人文交流。

三、解决台湾问题，推进祖国统一

2012年11月，党的十八大报告指出，必须坚持"和平统一、一国两制"方针,坚持发展两岸关系、推进祖国和平统一进程的八项主张,全面贯彻两岸关系和平发展重要思想,正式将两岸关系和平发展思想确立为中央对台大政方针的重要组成部分。2017年10月,党的十九大确立了坚持"一国两制"和推进祖国统一的基本方略,强调:"绝不允许任何人、任何组织、任何政党、在任何时候、以任何形式、把任何一块中国领土从中国分裂出去!"[①]2019年1月,习近平总书记在《告台湾同胞书》发表40周年纪念会上郑重提出新时代推动两岸关系和平发展、推进祖国和平统一进程的重大政策主张:携手推动民族复兴,实现和平统一目标;探索"两制"台湾方案,丰富和平统一实践;坚持一个中国原则,维护和平统一前景;深化两岸融合发展,夯实和平统一基础;实现同胞心灵契合,增进和平统一认同。

从历史上看,台湾自古以来就是中国的领土。台湾先住民系古越人的一支,从中国大陆直接或间接移居过去。对台湾最早的记述,可追溯到公元230年三国时期吴人沈莹所著的《临海水土志》。隋朝政府曾三次派兵到时称"流求"的台湾。宋元以后,中国历代中央政府开始在澎湖、台湾设治,实施行政管辖。1624年,荷兰殖民者侵占台湾南部。1662年,郑成功驱逐荷兰殖民者收复台湾。清朝政府逐步在台湾扩增行政机构,于1684年设立台湾府,隶属福建省管辖。1885年,改设台湾为行省,其为当时中国的第20个行省。虽然日本在1894年对华发动甲午战争后于次年霸占台湾,但包括台湾人民在内的所有中国人民始终坚持反日斗争。1945年10月25日,中国政府

---

① 习近平:《决胜全面建成小康社会 夺取新时代中国特色社会主义伟大胜利——在中国共产党第十九次全国代表大会上的报告》,人民出版社2017年版,第57页。

宣告"恢复对台湾行使主权"。1949年10月1日，中华人民共和国中央人民政府宣告成立，成为代表全中国的唯一合法政府，其理所当然地完全享有和行使中国的主权，其中包括对台湾的主权。由于中国内战延续和外部势力干涉，海峡两岸陷入长期政治对立的特殊状态，但中国的主权和领土从未分割也决不允许分割，台湾是中国领土的一部分的地位从未改变也决不允许改变。目前，全世界有包括美国在内的180余个国家，在一个中国原则的基础上与中国建立了外交关系。

新时代新征程，党和国家统筹中华民族伟大复兴战略全局和世界百年未有之大变局，扎实推动两岸关系和平发展、融合发展，坚定推进祖国统一进程。首先，坚持"和平统一、一国两制"方针，这是实现国家统一的最佳方式，要在充分考虑台湾现实情况、充分照顾到台湾同胞利益和感情的基础上，探索"一国两制"台湾方案。其次，努力推动两岸关系和平发展、融合发展并坚持践行"两岸一家亲"理念，这是两岸同胞的共同追求，其中扩大两岸经济文化交流合作是推动两岸融合发展的重要途径。最后，坚决反对和遏制一切分裂国家的活动。习近平总书记明确强调，"我们愿意为和平统一创造广阔空间，但绝不为各种形式的'台独'分裂活动留下任何空间"[1]。广大台湾同胞要认清"台独"只会给台湾带来深重祸害，应共同追求民族复兴和国家统一的光荣伟业。

---

[1] 《习近平著作选读》第2卷，人民出版社2023年版，第237页。

第八章

推动构建人类命运共同体

人类命运共同体，顾名思义，就是每个民族、每个国家的前途命运都紧紧联系在一起，应该风雨同舟，荣辱与共，努力把我们生于斯、长于斯的这个星球建成一个和睦的大家庭，把世界各国人民对美好生活的向往变成现实。和平、和睦、和谐是中华民族5000多年来一直追求和传承的理念，中华民族的血液中没有侵略他人、称王称霸的基因。中国共产党关注人类前途命运，同世界上一切进步力量携手前进，中国始终是世界和平的建设者、全球发展的贡献者、国际秩序的维护者！100多年来，中国共产党既为中国人民谋幸福、为中华民族谋复兴，也为人类谋进步、为世界谋大同，以自强不息的奋斗深刻改变了世界发展的趋势和格局。自习近平总书记于2013年首次提出构建人类命运共同体的倡议以来，这个理念已经得到越来越多有识之士的支持和赞同，联合国已经多次将该理念写进相关决议，这一倡议正在从理念转化为行动。

第一节　始终不渝走和平发展道路

一、和平发展是中国共产党和中国人民根据自身历史和国情作出的选择

5000多年来，中华文明世代赓续，绵延不息，以和为贵、兼济天下、海纳百川的文化基因让中华文明始终保持旺盛的生机与活力，以四大发明为代表的杰出创造为人类文明进步作出了重要贡献。2000多年前，中国人就开通了丝绸之路，推动东西方文明交流。600多年前，郑和率领当时世界上最强大的船队七次远航到访西太平洋和印度洋沿岸的30多个亚非国家和地区，这一壮举不仅开创了世界航海的先声，还因中国人同沿途各国各地区人民友好交往的事迹而彪炳史册。

近代以来，西方列强用坚船利炮轰开了中国的大门。此后，频繁的战火、内乱与外敌入侵把中国人民拖进了不堪回首的苦难岁月。面对西方列强的野蛮行径，中国人民救亡图存的斗争从未停息。尤其是中国共产党成立后，团结带领中国人民开展了争取民族独立、人民解放的艰苦斗争，成立了新中国。

战争的创伤和记忆，让中国人民更加热爱和珍惜来之不易的和平环境。"己所不欲，勿施于人"的中国人民发自内心地期待同世界各国各地区人民共谋和平、共护和平、共享和平，永远不会把自身曾经经历过的悲惨遭遇强加给其他民族。正如习近平总书记所指出的："近代以后，中国人民遭受列强的侵略、凌辱、掠夺达百年以上，但中国人民不是从中学到弱肉强食的强盗逻辑，而是更加坚定了维护和平的决心。"①

坚持走和平发展道路也是经历多次生死考验的中国共产党的一贯追求和坚定信念。从毛泽东、周恩来提出以和平共处五项原则作为新中国外交政策的基础，到邓小平正式提出"主张和平的社会主义"②，2005年《中国的和平发展道路》强调和平发展是中国现代化建设的必由之路，再到2012年党的十八大后习近平总书记反复强调"和平发展是中国特色社会主义的必然选择"③，"坚持不忘初心、继续前进，就要始终不渝走和平发展道路"④，这些都充分地表明坚持和平发展是中国共产党人孜孜以求和代代相传的一贯目标。在中国共产党的坚强领导下，中国为维护世界和平、促进共同发展开辟了光明前景。

二、和平发展是中国式现代化建设取得巨大成就的重要原因

20世纪70年代末以来，中国牢牢把握和平与发展这一时代主题，顺势而为，开启改革开放的伟大进程。经过长期不懈努力，我国已成为世界第二大经济体，对全球经济增长贡献率连续多年保持在30%以上。特别是2012年党的十八大以来，以习近平同志为核心的党中央团结带领全国各族人民奋力开创了建设中国特色社会主义新

---

① 习近平：《论中国共产党历史》，中央文献出版社2021年版，第283页。
② 《邓小平文选》第3卷，人民出版社1993年版，第328页。
③ 《习近平谈治国理政》第1卷，外文出版社2018年版，第13页。
④ 《习近平关于"不忘初心、牢记使命"论述摘编》，党建读物出版社、中央文献出版社2019年版，第8—9页。

时代，和平发展和中华民族伟大复兴再次迈上新台阶，我国的经济建设、政治建设、文化建设、社会建设和生态文明建设取得了举世瞩目的成就。我国脱贫攻坚战取得了全面胜利，区域性整体贫困得到解决，完成了消除绝对贫困的艰巨任务。2022年我国经济总量突破120万亿元，稳居世界第二。

中国的现代化建设成就，是靠中国共产党带领中国人民立足自身、艰苦奋斗、接续拼搏得来的，也是中国走和平发展道路的硕果。新中国成立70多年来，中国从没有主动挑起过任何一场战争和冲突。中国在坚定维护世界和平中谋求自身发展，又以自身发展更好维护世界和平。中国坚持开展对外援助，支持和帮助广大发展中国家消除贫困，是联合国维和行动第二大出资国以及派出维和人员最多的联合国安理会常任理事国。中国日益走近世界舞台的中央，将为全人类和平与繁荣不断作出更大贡献。

三、和平发展是实现中华民族伟大复兴的必然选择

实现现代化是一场接力跑，中国已经跑出了一个好成绩，已迈上全面建设社会主义现代化国家新征程。中国人民在党中央的正确领导下，矢志不渝、艰苦奋斗，终于走上了实现国家富强、人民幸福和民族复兴的道路，获得了世界上绝大多数追求和平与发展目标的国家和人民的赞赏，但也引来了少数霸权主义、强权主义国家在贸易、科技等领域的打压。

面对强行施加在中国身上的霸权霸道霸凌行径，中国人民"不信邪、不怕鬼、不怕压"，通过合理合法的反制措施坚决维护自身的合

第八章 推动构建人类命运共同体

法权益和发展利益。同时，我们坚决避免踏入"新冷战"陷阱，毫不动摇坚持和平发展道路，提出了推动构建人类命运共同体、新型国际关系、"一带一路"、亚投行、金砖国家新开发银行等诸多旨在促进中国与世界共同发展的重大倡议、多边机制，取得了显著成效，受到了国际社会的广泛赞誉与支持。

■ 亚洲基础设施投资银行标志

当前，世界进入新的动荡变革期，世界不稳定性不确定性明显增强。然而，和平、发展、合作、共赢的时代潮流没有变，各国人民对美好生活的向往更为迫切。中国人民走和平发展道路、建设社会主义现代化强国，顺应时代潮流，呼应了世道人心，受到国内国际的广泛支持。习近平总书记强调："中国走和平发展道路，不是权宜之计，更不是外交辞令，而是从历史、现实、未来的客观判断中得出的结论，是思想自信和实践自觉的有机统一。和平发展道路对中国有利、

·155·

对世界有利，我们想不出有任何理由不坚持这条被实践证明是走得通的道路。"①

第二节 促进"一带一路"国际合作

一、全球发展赤字鸿沟亟须填补

在工业化、城市化、经济全球化和信息化给地球上的每个角落带来红利的同时，人类社会发展不平衡不充分的问题仍然存在并且持续加深。联合国粮农组织数据显示，由于新冠疫情、极端气候、地缘冲突等的影响，2020年全世界有多达8.11亿人口面临饥饿威胁，比2019年增加1.61亿人；全球有近23.7亿人陷入粮食危机，无法获得充足的食物，比2019年增加3.2亿人，这是历史上饥饿问题最严重的时期之一。2022年1月，习近平主席出席2022年世界经济论坛视频会议时明确指出，全球发展进程正在遭受严重冲击，人类发展指数30年来首次下降，一些发展中国家因疫返贫、因疫生乱。

同时，发达国家内部的贫富差距也日益显著，引发了不同程度的逆经济全球化呼声和民粹主义的抬头，成为威胁世界和平与发展的重要因素。作为世界第一大经济体，美国是贫富分化最为严重的西方发达国家，长期走不出富者愈富、贫者愈贫的困局。截至2021年6月，美国收入在中间60%的"中产阶级"拥有的财富在国家总财富中的占

---

① 《习近平谈治国理政》第1卷，外文出版社2018年版，第267页。

比已经跌至26.6%，创过去30年来新低，而收入前1%的富人却拥有27%的国家财富，超过了"中产阶级"。由于贫富差距扩大，美国近年游行示威活动接连不断，一些游行示威甚至演变为暴力事件。大规模游行示威体现了美国底层民众对种族歧视、阶级固化和贫富分化的抗争。疫情期间，美国政府实施多轮经济刺激政策，发放大量补贴，虽在短期内缓解了社会矛盾，但积累了更长期的债务危机和更难处理的通胀压力。

解决普遍存在的发展赤字问题，继续促进世界的和平与发展，需要国际社会共同努力，填补全球发展鸿沟。"要想富，先修路"，良好的基础设施对促进经济增长具有极其重要的基础性作用，这也是促进全球发展的一个关键短板。根据二十国集团旗下全球基础设施中心发布的《全球基础设施展望》报告，2016—2040年，全球基础设施投资需求将增至94万亿美元，年均增长3.7万亿美元，但是，还存在15万亿美元的投资缺口，平均每年缺口约为6000亿美元。

二、"一带一路"倡议顺应历史潮流

在填补全球发展赤字方面，我国一直在作出积极贡献，进入中国特色社会主义新时代后，以习近平同志为核心的党中央提出了一系列重大的全球发展倡议，尽中国所能所优满足世界所需，促进共同发展。

其中，共建"一带一路"是习近平总书记统筹国内国际两个大局，着眼人类发展未来所提出的重大合作倡议。2013年9月和10月，习近平主席在出访哈萨克斯坦和印度尼西亚时先后提出共建"丝绸之路经济带"和"21世纪海上丝绸之路"的倡议。"一带一路"倡

议对世界贡献巨大，有助于相关国家打造政治互信、经济融合、文化包容的利益共同体、命运共同体和责任共同体，对维护世界和平稳定、促进繁荣发展具有深远持久的意义。

2013年以来，在共商、共建、共享原则指导下，"一带一路"倡议以政策沟通、设施联通、贸易畅通、资金融通和民心相通为主要内容扎实推进落实，取得明显成效。一大批具有代表性的早期成果开始显现，参与各国和地区得到了实实在在的好处，对共建"一带一路"的认同感和参与度不断增强。

世界银行发布的《"一带一路"经济学》报告指出，"一带一路"建设是深化区域合作、促进跨大陆互联互通的宏伟举措，将改善交通基础设施、提升地区经济环境水平，从而大幅降低贸易成本，促进跨境贸易和投资，显著推动沿线国家和地区乃至全球经济的增长。该报告显示，"一带一路"建设将使沿线国家和地区的实际收入增长1.2%~3.4%，全球实际收入增长0.7%~2.9%，从而促进实现共同繁荣。"一带一路"倡议的全面实施使参与国之间的贸易往来增加4.1%，"一带一路"沿线国家和地区的外国直接投资总额将增加4.97%。此外，"一带一路"相关投资可以帮助多达3400万人摆脱中度贫困，使760万人摆脱极端贫困。英国经济和商业研究中心的研究也表明，到2040年，"一带一路"倡议将使全球GDP每年增加7万亿美元以上，多达56个国家的GDP将因"一带一路"而每年增长逾100亿美元。

截至2023年8月，我国已与152个国家、32个国际组织签署200余份共建"一带一路"合作文件。联合国也呼吁国际社会通过"一带一路"建设加强区域经济合作。如今，作为中国提出的最重要全球性

第八章 推动构建人类命运共同体 08

■ 中欧班列（西安）从西安国际港站出发

倡议之一，"一带一路"不仅联通亚太和欧洲经济圈，还穿越非洲、环连亚欧，成为世界上跨度最长、最具潜力的合作带，成为当今世界上范围最广、规模最大的国际合作平台。

三、和合共建，促进全球共同发展繁荣

在众多国家的支持和参与下，"一带一路"一步步从理念变为行动，众多互联互通项目在全球各个角落落地生根、开花结果，沿线国家和地区迎来了发展繁荣的历史机遇，这些国家和地区人民的生活状态也有了巨大改变。硬件设施互联互通方面，中国与相关国家共建了很多基础设施项目，投资建设的重大项目和重大工程就有3000多个，直接提升了亚洲乃至全球交通、能源、电信等领域的互联互通水平，为促进沿线国家经济发展、增加和提升当地人民就业机会和生活

水平提供了重要支撑。以铁路建设为例，2017年5月建成并开始商业运行的蒙内铁路直接帮助东非地区降低货运成本70%以上；2021年12月全长1000多公里的中老铁路正式投入运营，帮助老挝实现了由"陆锁国"变"陆联国"的梦想。公路方面，吉尔吉斯斯坦近几年兴建的大量公路由中国公司建设完成；中国公司近几年在非洲承建完成了1万多公里的公路。港口方面，希腊的比雷埃夫斯港曾面临衰落困境，经中远海运集团升级改造后，该港口迅速转变为亚洲、欧洲、非洲三大洲海运业务枢纽；斯里兰卡的汉班托塔港及其临港产业园已经成为该国新经济增长极；巴基斯坦的瓜达尔港及其经济开发区也已经基本建成；缅甸的皎漂港已经与中缅油气管道相连，向云南输送原油和天然气多年，缅甸从中获益数亿美元。

我国积极推动共建"一带一路"项目高质量发展，走绿色、低碳、可持续之路。我国倡导建立了"一带一路"绿色发展国际联盟、"一带一路"生态环保大数据服务平台，制定了《"一带一路"绿色投资原则》，推动实施绿色丝路使者计划，并与孟加拉国、印度尼西亚、沙特阿拉伯、新加坡等28个国家于2021年6月共同发起了"一带一路"绿色发展伙伴关系倡议。非常值得关注的是，能源是现代产业与生活的血液，中国带头推动全球能源事业绿色发展。2016年3月，我国发起成立了全球能源互联网发展合作组织，这是一个推动清洁能源大规模开发、输送和使用的重要平台，旨在运用和发挥我国在"智能电网+特高压电网+清洁能源"方面的经验和能力，助力全球实现可再生能源电力的实时输送，为构建清洁的现代能源体系提供坚实基础。截至2024年1月，该合作组织已经吸纳了来自142个国家的

1346家会员,"全球能源互联网"多次被写入联合国高级别政治论坛政策建议报告。

第三节 推动建设新型国际关系

一、世界正经历百年未有之大变局

习近平总书记在党的二十大报告中深刻地指出:"当前,世界之变、时代之变、历史之变正以前所未有的方式展开。一方面,和平、发展、合作、共赢的历史潮流不可阻挡,人心所向、大势所趋决定了人类前途终归光明。另一方面,恃强凌弱、巧取豪夺、零和博弈等霸权霸道霸凌行径危害深重,和平赤字、发展赤字、安全赤字、治理赤字加重,人类社会面临前所未有的挑战。世界又一次站在历史的十字路口,何去何从取决于各国人民的抉择。"[1]在这种事关人类和世界各国前途命运的关键时刻,如习近平总书记所指出的那样,"中国始终坚持维护世界和平、促进共同发展的外交政策宗旨,致力于推动构建人类命运共同体"[2]。

中国积极倡导和大力推动构建人类命运共同体,是在主动承担历史责任和国际责任,率先回答"世界怎么了,我们怎么办"这样一个

---

[1] 习近平:《高举中国特色社会主义伟大旗帜 为全面建设社会主义现代化国家而团结奋斗——在中国共产党第二十次全国代表大会上的报告》,人民出版社2022年版,第60页。

[2] 习近平:《高举中国特色社会主义伟大旗帜 为全面建设社会主义现代化国家而团结奋斗——在中国共产党第二十次全国代表大会上的报告》,人民出版社2022年版,第60页。

时代之问、历史之问。我们认为，当今世界的和平发展之路就是要共同建设持久和平、普遍安全、共同繁荣、开放包容、清洁美丽的命运共同体。中国提供的方案，是在历史的经验和教训指导下作出的正确选择，呼应了国际社会要和平、要发展、要稳定、要安全、要繁荣的诉求，给人类社会指明了前进的方向和光明的未来。正因如此，构建人类命运共同体的理念一经提出就受到了国际社会广泛的关注、高度的重视，也得到了国际社会广泛的认同。构建人类命运共同体的理念写进了《中国共产党章程》和《中华人民共和国宪法》中，同时，也写进了联合国很多决议当中，为越来越多的国家和人民所接受。

但是，还有少部分国家企图逆历史潮流而动，为了一己私利而阻碍国际社会的和平与发展合作、打压其他国家的正当发展权利，企图维护"天下唯我独尊"的地位、确保自己剥削他国人民劳动及资源以自肥的特权"万古长青"。为了达到目的，这些国家公然宣称"本国第一""本国优先"，对不听话的发展中国家采取经济制裁、煽动内乱、军事征服等手段逼迫就范。这些反动手段可能会得逞一时，但绝不会得逞一世。历史终将证明，构建人类命运共同体倡议才是保障全球持续和平与安全，保障各国开放、繁荣、稳定的源泉。

二、新型国际关系是唯一正确选择

新型国际关系是与旧型国际关系相对而言的。旧型国际关系就是现在西方主导的以主权国家为基本行为主体，带强权政治色彩的国际关系。旧型国际关系虽然承认每个国家都拥有主权，但在实际中"弱国无外交"，很多弱国、小国和发展中国家的主权经常会受到严重的侵犯。原因在于，旧型国际关系是西方基于自身利益主导建立并维系的，其中渗透着西方的价值观和理念，在实际运行中西方国家往往打着自由、民主、平等、公正、法治、人权等价值观旗号，大行强权政治甚至霸权主义之实。除了侵犯主权外，旧型国际关系还酝酿着战争，甚至是世界大战的危机。西方主导的旧型国际关系信奉强者生存、弱者被灭的"丛林法则"，列强可以侵略、殖民其他国家，相互之间也会爆发战争，最为典型的就是第一次世界大战和第二次世界大战。

如今，作为一个曾饱受西方列强欺辱的国家，中国以崛起中的东方社会主义大国的形象重新屹立于世界民族之林。新型国际关系是中国对国际关系新模式的重要探索，其核心内涵体现为相互尊重是基础，公平正义是准则，合作共赢是手段，最终目标是构建人类命运共同体。

相互尊重是构建新型国际关系的基础。相互尊重主张国家不分大小、强弱、贫富一律平等，不同制度、宗教、文明一视同仁。这不仅深刻反映了中国传统文化推崇"仁者爱人"，主张"己欲立而立人，己欲达而达人"的睿智理念，也是中国外交一贯坚持的和平共处五项原则的发扬光大；强调国家一律平等，互不干涉内政，是中国的一向主张——各国文化要求同存异、和谐共存、多元互鉴的再次确认。中国历来主张各国自主选择发展道路，尊重彼此核心利益与重大关切，这些都是相互尊重的实践体现。

公平正义是构建新型国际关系的准则。新型国际关系强调反对"弱肉强食"的丛林法则，主张维护世界各国尤其是发展中国家的正当合法权益。中国历来倡导国际关系民主化，主张强弱守望相助、贫富共同发展。近年来，中国在国内大力推进精准扶贫、共同富裕，在国际社会则积极倡导正确义利观，大量减免贫穷国家的债务，呼吁世界各国对贫穷国家给予力所能及的帮助，推动联合国2030年可持续发展议程不断落实。中国虽然依然是发展中国家，但已经不断肩负起国际责任，在合作中重义轻利、舍利取义。作为发展中国家的代表，中国还不断为广大发展中国家争取权益，推动发展中国家在国际制度和全球治理中的代表性、话语权从程序公平走向实质公平，真正实现公平正义。

合作共赢是构建新型国际关系的手段。当今世界面临着越来越多的全球性、公共性问题，单凭某个国家的能力已远远不能应对，唯有通过国际合作才能解决。新型国际关系呼吁超越零和博弈、赢者通吃的旧思维，倡导共谋发展、互利互惠的新思路。一花独放不是春，百花齐放春满园。中国主张以合作共赢的理念来看待国际合作，无论是在经贸合作还是环境保护合作中，中国都倡导从非零和博弈视角来推进国际合作。比如，中国主张在"一带一路"倡议中秉持"共商、共建、共享"原则，在国际合作中坚持互惠互利、相得益彰，让合作各方都有所获或各得其所。如此，才能实现各国共同发展，共担责任，共同命运。

构建人类命运共同体是新型国际关系的最终目标。构建新型国际关系和构建人类命运共同体是路径和目标的关系。构建人类命运共同体，政治最为根本。国家之间如果不能建立起良好的政治关系，就很难在安全、发展、文明、生态方面开展有效的合作。中国给世界绘制的蓝图是人类命运共同体，构建新型国际关系是实现这一愿景的根本途径和基础工程，两者相辅相成、有机统一，共同指导中国外交新征程。

三、坚定不移推动中国特色大国外交

中国特色大国外交是党的十八大以来以习近平同志为核心的党中央制定的具有长期持续性的外交战略，其核心是服务于中国以及世界和平与发展的总目标。

推进中国特色大国外交，是践行党的初心使命的必然要求。在党的二十大报告中，习近平总书记开宗明义宣示"我们党立志于中华民族千秋伟业，致力于人类和平与发展崇高事业，责任无比重大，使命无上光荣"，强调"中国共产党是为中国人民谋幸福、为中华民族谋复兴的党，也是为人类谋进步、为世界谋大同的党"。[1]

推进中国特色大国外交，是实现中华民族伟大复兴的必然要求。党的十八大以来，我国综合国力和国际地位显著提升，日益走近世界舞台中央，中华民族迈向伟大复兴的步伐不可阻挡。行百里者半九十，越是接近实现目标，越将面临风高浪急甚至是惊涛骇浪的风险考验。国际体系变革期的不确定不稳定因素日益突出，我国发展进入战略机遇和风险挑战并存、不确定难预料因素增多的时期，伟大复兴必然伴随具有许多新的历史特点的伟大斗争。我们必须统筹国内国际两个大局，开展更具全球视野、更富进取精神、更有中国特色的大国

---

[1] 习近平：《高举中国特色社会主义伟大旗帜　为全面建设社会主义现代化国家而团结奋斗——在中国共产党第二十次全国代表大会上的报告》，人民出版社2022年版，第1、21页。

外交，为实现民族复兴营造和平稳定的国际和地区环境。

推进中国特色大国外交，是应对世界百年变局的必然要求。当今世界，国际力量对比和全球格局正在经历深刻演变，世界多极化、经济全球化、国际关系民主化潮流势不可当。同时，单边主义、保护主义、霸权主义依然横行，世界进入新的动荡变革期。习近平总书记指出："世界那么大，问题那么多，国际社会期待听到中国声音、看到中国方案，中国不能缺席。"①作为有着5000多年文明积淀的大国，作为联合国安理会常任理事国，中国有必要通过开展具有自身特色的大国外交，履行所承担的国际责任与义务，同各国一道走出一条和平发展、合作共赢的新路，弘扬全人类共同价值，携手构建人类命运共同体。

党的十八大以来的新时代伟大变革中，习近平总书记亲自谋划指挥、引领推进了波澜壮阔的新时代外交实践。中国特色大国外交得以全面推进，在全球变局中开创新局，在世界乱局中化危为机，战胜了各种艰难险阻，办成了不少大事要事，取得了党的领导全面加强、国际影响全面提升、外交布局全面拓展、公平正义全面促进、国家利益全面维护、服务发展全面深化、战略运筹全面增强等一系列全方位、开创性历史成就，彰显了鲜明的中国特色、中国风格、中国气派。今后，我国外事工作仍将紧紧围绕服务民族复兴、促进人类进步这条主线，继续推动构建人类命运共同体，努力争取中国特色大国外交事业再上新台阶。

---

① 《习近平主席新年贺词（2014—2018）》，人民出版社2018年版，第13页。

第四节 积极参与引领全球治理体系改革和建设

一、解决全球和平与发展赤字迫在眉睫

今天,全球面临的和平赤字、发展赤字、安全赤字和治理赤字呈现加重趋势,如果继续放任问题发展和累积,人类的生存、安全和发展均会岌岌可危。以保护地球生态环境和生物多样性为例,2020年9月世界自然基金会发布的《地球生命力报告2020》显示,1970—2016年,由于人类将地球的生命维持系统推向了边缘,哺乳动物、鸟类、两栖动物、爬行动物和鱼类的全球种群数量在不到半个世纪的时间里平均减少了68%,淡水野生动物种群数量减幅甚至达到84%。该报告发现,从中美洲的热带雨林到浩瀚的太平洋,大自然正在以前所未有的规模被人类开发和破坏——地球上75%的无冰土地已经被人类活动显著改变,自1700年以来,全球近90%的湿地已经消失。如果不加大努力来阻止栖息地的丧失和退化,全球生物多样性将继续受到破坏;如果一切没有变化,可能导致野生动物灭绝,并威胁我们赖以生存的生态系统的完整性。

面对日益严峻的全球性问题,参与和加强全球治理尤为迫切。国际社会中的所有成员都应该超越一己私利,站在人类生存与发展的共同立场上,一起克服信任赤字,携手合作、各尽所能,努力克服共同面临的严峻挑战。

二、中国积极承担大国责任

党的十八大以来，中国以前所未有的广度、深度、力度参与全球治理，贡献中国智慧，提供中国方案，展现中国担当，得到了国际社会广泛赞誉。

习近平总书记站在为人类前途命运负责的高度，在重大国际场合提出中国的全球治理观，倡导坚持开放包容、不搞封闭排他，坚持以国际法为基础、不搞唯我独尊，坚持协商合作、不搞冲突对抗，坚持与时俱进、不搞故步自封，引领全球治理体系和国际秩序变革，为充满不确定性的世界注入正能量。

中国忠实履行联合国安理会常任理事国职责与使命，累计派出5万多人次参加联合国维和行动，已经成为联合国第二大会费国、第二大维和摊款国。面对乌克兰危机、朝鲜半岛核问题、伊朗核问题、阿富汗问题等热点问题，中国始终坚持劝和促谈，倡导以和平方式解决争端。中国以促进世界安危与共为己任，提出全球安全倡议，已经得到近百国赞赏和支持。

中国率先实现联合国千年发展目标，带头落实联合国2030年可持续发展议程，对全球减贫贡献率超过70%。中国以自身的新发展为世界提供新机遇，多年来对世界经济增长平均贡献率超过30%。中国提出全球发展倡议，设立中国—联合国和平与发展基金，深化南南合作，为人类发展事业注入强劲动力。

中国坚定落实应对气候变化《巴黎协定》，宣布碳达峰、碳中和目标和国家自主贡献新举措，为合作应对气候变化发挥关键作用。中国成功举办《生物多样性公约》缔约方大会第十五次会议第一阶段会议，出资成立昆明生物多样性基金，坚定做全球生态环境治理的行动派。

中国积极参与全球数字治理，提出《全球数据安全倡议》，推动全球数字治理体系朝着更加公正合理的方向迈进。中国还就粮食安全、能源安全提出相关倡议，为解决当前世界面临的难题贡献中国方案。

三、坚持共商共建共享的全球治理观

21世纪以来，世界各国之间的互联互通和相互依存已经发展到了很高的水平，和平赤字、发展赤字、安全赤字和治理赤字所引发的问题往往不再局限于一时一地，反倒是经常引发"蝴蝶效应"和"多米诺骨牌效应"。越来越多的国家认识到，如果仅仅依靠自身努力、不寻求国际合作，人类面临的许多共同问题就难以得到解决，进而会影响各国和世界的共同发展。因此，各国在完善自身国家治理体系的同时，必须兼顾全球治理体系建设。

那么，以什么样的理念指导全球治理体系变革和建设，既反映各国对全球治理和国际秩序内在矛盾的认识与把握能力，也影响全球治理体系变革和建设的方向与成效。

习近平总书记高瞻远瞩地指出："要坚持真正的多边主义，践行共商共建共享的全球治理观，动员全球资源，应对全球挑战，促进全球发展。要坚持对话而不对抗、拆墙而不筑墙、融合而不脱钩、包容而不排他，以公平正义为理念引领全球治理体系变革。"[①] 所以，中国

[①]《[每日一习话]践行共商共建共享的全球治理观》，http://news.cnr.cn/dj/sz/20220805/t20220805_525948262.shtml，访问日期：2023年11月14日。

秉持的是共商共建共享的全球治理观。"共"是这一理念的核心价值和关键字。

"共商共建共享"理念回答了"谁来治理"这一根本问题，强调治理的多元主体、平等参与和民主协商，意味着世界各国不分大小、强弱，平等参与全球治理进程，协商应对全球问题，共同承担全球责任，合作促进全球福祉，这是国际关系民主化在全球治理领域的具体实践。这与当前由西方主导的治理观完全不同。

"共商共建共享"理念回答了"怎样治理"的问题，从代表性、包容性、开放性和公正性四个方面规定了全球治理体系的内涵。代表性要求增加新兴市场国家和发展中国家在全球治理体系中的代表性及发言权，使之能够更加平衡地反映大多数国家的意愿和利益。包容性要求作为国际体系主要行为体的主权国家都有平等参与全球治理的政治权利，以及自由进入国际市场、参与国际经济竞争且获得公平经济收益的权利，任何国家都没有垄断性权力，任何国家政治和经济权利的增长都不能以牺牲其他国家的利益为代价。开放性指参与成员开放、议程开放、合作过程开放和结果开放，防止治理机制封闭化和规则碎片化。公正性要求建立更具公正性的治理规则，公平地、充分地考虑各国的责任和权利。

"共商共建共享"理念回答了"为什么治理"的问题，各国共同面对跨国威胁、共同承担治理责任、共同享有发展成果可以有效纠正经济全球化进程中权责不等、发展不均、分配不公的问题，可以有效避免治理失灵和体系失序。共商共建共享的全球治理观强调"共同"与"合作"，是对强权政治、零和思维和丛林法则的根本否定，坚持这一全球治理观是在世界各国相互依赖更加复杂条件下，各方实现共赢的唯一路径。

共商共建共享的全球治理观以天下观天下，超越了国家和意识形态的分野，是全球治理的中国理念和中国方案，是新时代中国特色大国外交的重大理论创新，也是构建新型国际关系、构建人类命运共同体的必由之路。

党的二十大报告指出："中国积极参与全球治理体系改革和建设，践行共商共建共享的全球治理观，坚持真正的多边主义，推进国际关系民主化，推动全球治理朝着更加公正合理的方向发展。"[1]在以习近平同志为核心的党中央正确领导下，我国将为全球治理体系变革和治理能力提升作出新的更大贡献。

---

[1] 习近平：《高举中国特色社会主义伟大旗帜　为全面建设社会主义现代化国家而团结奋斗——在中国共产党第二十次全国代表大会上的报告》，人民出版社2022年版，第62页。

第九章

掌握马克思主义思想方法和工作方法

马克思主义是立党立国、兴党兴国的根本指导思想。中国共产党为什么能，中国特色社会主义为什么好，归根到底是马克思主义行，是中国化时代化的马克思主义行。拥有马克思主义科学理论指导是我们党坚定信仰信念、把握历史主动的根本所在。习近平新时代中国特色社会主义思想，蕴含着丰富的马克思主义思想方法和工作方法。党的二十大强调，继续推进实践基础上的理论创新，首先要把握好习近平新时代中国特色社会主义思想的世界观和方法论，坚持好、运用好贯穿其中的立场观点方法。

新思想进乡村

第一节　必须坚持人民至上

　　人民性是马克思主义的本质属性，党的理论来自人民、为了人民、造福人民。人民的创造性实践，是理论创新的不竭源泉。过去，一切运动都是少数人的，为少数人谋利益的运动。马克思主义与之相反，始终坚持人民群众是历史的创造者，站在人民立场，探求人类自由解放的道路。共产主义远大理想，是最终建立一个没有压迫、没有剥削、人人平等、人人自由的理想社会。中国共产党作为马克思主义政党，始终站在人民立场上，依靠人民，为了人民，以人民为尺度。中国共产党的百余年奋斗历史，就是一部践行党的初心使命的历史，就是一部党与人民心连心、同呼吸、共命运的历史，党带领广大人民实现了从站起来到富起来再到强起来的历史飞跃，并朝着实现中华民族伟大复兴奋勇前行。

　　以人民为立场的中国共产党，始终坚持把人民当作主体，一切依靠人民。毛泽东就讲过："真正的铜墙铁壁是什么？是群众，是千百万真心实意地拥护革命的群众。"[①]回顾历史，中国国民党为什么在大陆丢失政权？归根结底是失去了民心。苏联共产党最终丧失执政地位，归根结底也是因为失去了民心。相反，中国共产党带领中华民族从胜利走向胜利，正是因为中国共产党始终坚守了以人民为中心的

---

　　① 《毛泽东选集》第1卷，人民出版社1991年版，第139页。

第九章
掌握马克思主义思想方法和工作方法

价值立场，始终坚持了人民的主体性地位。

以人民为根本立场的中国共产党，始终坚持把人民当作目的，一切为了人民。党的十一届三中全会后，着眼于人民群众渴望摆脱贫困、尽快富裕的迫切诉求，邓小平总设计师带领全党作出改革开放重大历史性决策，开辟了中国特色社会主义，极大地解放和发展了社会生产力，极大地改善了人民生活面貌。到了2021年，经过全党全国各族人民持续奋斗，完成了现行标准下9899万农村贫困人口全部脱贫、832个贫困县全部摘帽，实现了第一个百年奋斗目标，全面建成了小康社会。党的十八大以来，面对人民群众反映强烈的腐败问题，习近平总书记以"得罪千百人、不负十四亿"的勇气和决心，带领全党开启了历史上力度、广度、深度空前的反腐败斗争。中国共产党始终坚守马克思主义的人民立场，以人民为目的，把人民对美好生活的

■ 十八洞村第三任扶贫队长麻辉煌（左）与返乡大学生施林娇（中）一起直播推销土特产

向往作为自己的奋斗目标,把中华民族伟大复兴的中国梦作为自己的初心使命。

以人民为根本立场的中国共产党,始终坚持把人民当作尺度,事业的成败由人民评判。中国共产党始终代表最广大人民群众的根本利益,除人民利益外,党没有自己的利益。因此,"党的执政水平和执政成效都不是由自己说了算,必须而且只能由人民来评判"[1]。在社会主义改造时期,毛泽东就说过,如何评价和对待资本主义工商业、民族资产阶级,要以人民的需要为标准。为了推进改革开放,邓小平提出"三个有利于"标准,将能否实现人民切身利益作为评价改革开放和社会主义建设成败的标准。以人民为尺度,是以人民的需要为标尺,以人民的向往为目标。随着中国特色社会主义事业的发展,人民的需要和关切也在变化。以此为依据,党的十九大作出社会主要矛盾转化的论断,着力解决发展不平衡不充分的问题,更好地满足人民日益增长的美好生活需要。这充分体现了以人民为中心的发展理念和把人民当作尺度的评判标准。

第二节　必须坚持自信自立

从1840年到今天,中国人民和中华民族实现了从近代以来的深重苦难走向伟大复兴的光明前景的历史性转变。在这一进程中,既没

---

[1] 《习近平谈治国理政》第1卷,外文出版社2018年版,第28页。

第九章
掌握马克思主义思想方法和工作方法

有可供运用的现成理论，也没有可以借鉴的直接经验。党的百年奋斗成功道路，是党领导人民独立自主探索开辟出来的。马克思主义的中国篇章，是中国共产党人带领中国人民实践出来的。贯穿其中的根本是，中国的问题必须从中国实际出发，由中国人自己解答。

习近平总书记指出："中国共产党为什么能，中国特色社会主义为什么好，归根到底是马克思主义行，是中国化时代化的马克思主义行。"[①]中国共产党从诞生时起，就把马克思主义鲜明地写在自己的旗帜上。坚持马克思主义，要以更加积极的历史担当和创造精神，创新发展马克思主义。不能刻舟求剑、封闭僵化，也不能照抄照搬、食洋不化。坚持走自己的路，坚定信心和决心，是党在理论和实践中确立的科学原则，是党和人民事业不断从胜利走向胜利的保障。

回顾党的历史，在革命斗争的实践中，以毛泽东同志为主要代表的中国共产党人，把马克思列宁主义基本原理同中国具体实际相结合，对经过艰苦探索、付出巨大牺牲积累的一系列独创性经验作了理论概括，开辟了农村包围城市、武装夺取政权的正确革命道路，创立了毛泽东思想，为夺取新民主主义革命胜利指明了正确方向。

从新中国成立到改革开放前夕，党领导人民完成社会主义革命，消灭一切剥削制度，实现了中华民族有史以来最为广泛而深刻的社会变革，实现了一穷二白、人口众多的东方大国大步迈进社会主义社会的伟大飞跃。在探索过程中，虽然经历了严重曲折，但党在社会主义革命和建设中取得的独创性理论成果和巨大成就，为在

[①] 习近平：《高举中国特色社会主义伟大旗帜　为全面建设社会主义现代化国家而团结奋斗——在中国共产党第二十次全国代表大会上的报告》，人民出版社2022年版，第16页。

新的历史时期开创中国特色社会主义提供了宝贵经验、理论准备、物质基础。

改革开放和社会主义现代化建设新时期，我国实现了从生产力相对落后的状况到经济总量跃居世界第二的历史性突破，实现了人民生活从温饱不足到总体小康、奔向全面小康的历史性跨越，推进了中华民族从站起来到富起来的伟大飞跃。中国共产党和中国人民以英勇顽强的奋斗向世界庄严宣告，改革开放是决定当代中国前途命运的关键一招，中国特色社会主义道路是指引中国发展繁荣的正确道路，中国大踏步赶上了时代。

党的十八大以来，以习近平同志为核心的党中央领导全党全军全国各族人民砥砺前行，全面建成小康社会目标如期实现，党和国家事业取得历史性成就、发生历史性变革，彰显了中国特色社会主义的强大生机活力，党心军心民心空前凝聚振奋，为实现中华民族伟大复兴提供了更为完善的制度保证、更为坚实的物质基础、更为主动的精神力量。中国共产党和中国人民以英勇顽强的奋斗向世界庄严宣告，中华民族迎来了从站起来、富起来到强起来的伟大飞跃。

第三节　必须坚持守正创新

实现中华民族伟大复兴，是前无古人的事业。守正才能不迷失方向、不犯颠覆性错误，创新才能把握时代、引领时代发展。坚持守正创新，要求坚持马克思主义不动摇，坚持党的全面领导不动摇，坚持中国特色社会主义不动摇，同时要紧跟时代步伐，顺应实践发展，以满腔热忱对待一切新生事物，不断拓展认识的广度和深度，敢于说前人没有说过的新话，敢于干前人没有干过的事情，以新的理论指导新的实践。

守正即坚守正道。习近平总书记强调："要坚守正道、追求真理，立足我国国情，放眼观察世界，不妄自菲薄，不人云亦云。"[①]守正就不能偏离马克思主义，更不能背离或放弃马克思主义，否则党就会失去灵魂、迷失方向。守正就是要坚持党的全面领导，党的领导是党和国家事业的根本所在、命脉所在。坚持和加强党的领导，直接关系着现代化事业的本质、前途、命运。守正就是要坚持中国特色社会主义。党的二十大报告强调，坚持中国特色社会主义道路是前进道路上必须牢牢把握的重大原则。中华民族迎来了从站起来、富起来到强起来的伟大飞跃，就是因为有了中国特色社会主义。前行的道路上，要坚定不移高举中国特色社会主义伟大旗帜，既不走封闭僵化的老路，也不走改旗易帜的邪路。

马克思主义为人类社会发展进步指明了方向，是我们认识世界、把握规律、追求真理、改造世界的强大思想武器。同时，马克思主义理论不是教条，而是行动指南，必须随着实践的变化而发展。因此，要从辩证统一的角度，坚持在守正中不断开拓创新。

创立于革命、建设时期的毛泽东思想，是马克思主义中国化的第

---

① 习近平：《论坚持人民当家作主》，中央文献出版社2021年版，第156页。

新思想进乡村

贵州医科大学师生代表在遵义会议纪念馆广场参加"四地同上一堂党课"活动

一次历史性飞跃。在新民主主义革命时期，中国共产党基于国民大革命的惨痛教训，确定了实行土地革命和武装反抗国民党反动统治的总方针，团结带领全国各族人民实现了中国从几千年封建专制政治向人民民主的伟大转变。

新中国成立后，如何在一个人口众多、经济文化落后的新民主主义国家进行社会主义改造成为新的历史课题。以毛泽东同志为主要代表的中国共产党人，创造性实现了马克思列宁关于社会主义革命的基本理论与中国建设发展实际的有机结合，形成了独具特色的社会主义改造理论，使毛泽东思想在实践中得到了丰富与发展。

党的十一届三中全会以后，以邓小平同志为主要代表的中国共产党人立足时代潮流，开启了改革开放的伟大征程，第一次比较系统地回答了什么是社会主义、怎样建设社会主义这一根本问题，创立了邓小平理论，开创了中国特色社会主义。党的十三届四中全会以后，以江泽民同志为主要代表的中国共产党人，面对市场经济、对外开放、苏东剧变等十分复杂的国内外形势，形成了"三个代表"重要思想，加深了对什么是社会主义、怎样建设社会主义和建设什么样的党、怎样建设党等问题的认识。党的十六大以后，以胡锦涛同志为主要代表的中国共产党人，面对社会经济发展呈现出的新的阶段性特征和发展要求，总结国内外经济发展经验教训，深刻认识和回答了新形势下实现什么样的发展、怎样发展等重大问题，形成了科学发展观。

党的十八大以来，中国特色社会主义进入新时代。面对中华民族伟大复兴战略全局和世界百年未有之大变局，以习近平同志为主要代表的中国共产党人从新实际出发，坚持把马克思主义基本原理同中国具体实际相结合、同中华优秀传统文化相结合，与时俱进创立了习近平新时代中国特色社会主义思想，回答了新时代坚持和发展什么样的中国特色社会主义、怎样坚持和发展中国特色社会主义，建设什么样的社会主义现代化强国、怎样建设社会主义现代化强国，建设什么样的长期执政的马克思主义政党、怎样建设长期执政的马克思主义政党等重大时代课题，提出了一系列原创性的治国理政新理念新思想新战略，实现了马克思主义中国化新的飞跃。

第四节　必须坚持问题导向

问题是时代的声音，实现发展、实现目标、实现中华民族伟大复兴，需要不断回答时代提出的问题。坚持问题导向，体现了习近平新时代中国特色社会主义思想的世界观和方法论，彰显了中国化时代化马克思主义的实践品格。在实践中，要增强问题意识，聚焦实践遇到的新问题、改革发展稳定存在的深层次问题、人民群众急难愁盼的问题、国际变局中的重大问题、党的建设面临的突出问题，不断提出真正解决问题的新理念新思路新办法。

问题无处不在、无时不有，关键是善不善于发现问题。问题是不会自行显露的，看得见、摸得着的往往都是表象，真正的特别是关乎国家命运的重大问题、关键问题一般都是隐性的、深层次的。习近平总书记指出："问题是创新的起点，也是创新的动力源。"[①]中国在全面深化改革的进程中，问题错综复杂，有些是长期存在的老问题，或是长期努力解决但仍没有解决好的问题，还有些表面上是新问题，但实际是老问题的新表现形式。但大量出现的，是新问题，而且多数又是过去不熟悉或者不太熟悉的。只有充分发挥主观能动性，努力提高认识和改造世界的能力和水平，才能不断发现问题，直面问题，并最终找到解决问题的办法。

---

① 习近平：《在哲学社会科学工作座谈会上的讲话》，人民出版社2016年版，第14页。

第九章
掌握马克思主义思想方法和工作方法

发现问题是前提，能不能正确分析问题更见功力高低。要透过现象看本质，研究问题产生的原因，研究其中的内在关系，找到解决问题的办法。要善于具体问题具体分析。在实践中，问题无处不在，问题就是矛盾，矛盾又有主次之分，主要矛盾是决定事物发展的根本，起决定性作用。毛泽东说过，研究任何过程，要用全力找出它的主要矛盾，捉住了主要矛盾，问题就迎刃而解了。事物的发展，是一个过程，蕴含着规律。要善于把握矛盾运动发展的内在规律，从问题的苗头中发现矛盾的原因和发展趋势，从繁杂问题中把握矛盾发展演化的规律，从偶然问题中找到必然。善于抓主要矛盾和矛盾的主要方面，明确有效破解问题的主攻方向，带动全局工作，推进事业全面发展。

发现问题、分析问题的目的是解决问题。正确有效地解决问题，是坚持问题导向的目的。时代是出题人，人民是答卷人。不同时代，不同的时期，面临的问题也不尽相同。回顾1840年以来的历史，对中华民族来说，如何实现现代化，如何赶上时代潮流，是贯穿至今的时代课题。但是，在不同阶段上，立足于不同时期的国情，这一问题的表现形式不同。新民主主义革命时期，党面临的主要任务是，反对帝国主义、封建主义、官僚资本主义，争取民族独立、人民解放，为实现中华民族伟大复兴创造根本社会条件。社会主义革命和建设时期，党面临的主要任务是，实现从新民主主义到社会主义的转变，进行社会主义革命，推进社会主义建设，为实现中华民族伟大复兴奠定根本政治前提和制度基础。改革开放和社会主义现代化建设新时期，党面临的主要任务是，继续探索中国建设

新思想进乡村

社会主义的正确道路，解放和发展社会生产力，使人民摆脱贫困、尽快富裕起来，为实现中华民族伟大复兴提供充满新的活力的体制保证和快速发展的物质条件。党的十八大以来，中国特色社会主义进入新时代。党面临的主要任务是，实现第一个百年奋斗目标，开启实现第二个百年奋斗目标新征程，朝着实现中华民族伟大复兴的宏伟目标继续前进。

　　回顾中国共产党的百余年奋斗历史，正是在不断解答中华民族如何实现现代化这一大课题中，在解决不同历史时期党和国家面临的不同时代课题中，中华民族不断朝着现代化的方向奋勇向前，不断取得令世人瞩目的成就，不断在追赶时代潮流中向前发展。只要以咬定青山不放松的决心，坚持问题导向，不断回答好时代课题，中华民族伟大复兴就一定能实现。

■ 党员志愿者帮助遭受强降雨袭击的受灾村民修整水管

第九章 掌握马克思主义思想方法和工作方法

第五节 必须坚持系统观念

万事万物是相互联系、相互依存的，只有用普遍联系的、全面系统的、发展变化的观点观察事物，才能把握事物发展规律。中国是一个发展中大国，仍处于社会主义初级阶段，正在经历广泛而深刻的社会变革。全面深化改革，实现最广大人民群众的根本利益，必须处理好、协调好各方关系，这往往是牵一发而动全身的问题。这要求中国共产党人不断提高战略思维、历史思维、辩证思维、系统思维、创新思维、法治思维、底线思维能力，为前瞻性思考、全局性谋划、整体性推进党和国家各项事业提供科学思想方法。

战略思维能力，就是高瞻远瞩、统揽全局，善于把握事物发展总体趋势和方向的能力。毛泽东曾教导全党，"政策和策略是党的生命"[1]。邓小平也多次强调，"战略问题，是决定我们命运的问题"[2]。这些谆谆教诲时刻提醒全党，要善于战略思维、长于战略谋划、重视战略策略。提高战略思维能力，要以小见大、见微知著，站在时代前沿和战略全局的高度观察、思考和处理问题，透过纷繁复杂的表面现象把握事物的本质和发展的内在规律，在解决突出问题中实现战略突破，在把握战略全局中推进各项工作。

---

[1] 《十三大以来重要文献选编》(中)，人民出版社1991年版，第1136页。
[2] 《邓小平文选》第2卷，人民出版社1994年版，第384页。

历史思维能力，就是知古鉴今，善于运用历史眼光认识发展规律、把握前进方向、指导现实工作的能力。习近平总书记指出："历史总是向前发展的，我们总结和吸取历史教训，目的是以史为鉴、更好前进。"[①]面对一些别有用心的历史虚无主义者以支离破碎的历史细节与无关紧要的"历史事实"肆意歪曲党的历史、抹黑党的领导人的行为，习近平总书记强调："要了解我们党和国家事业的来龙去脉，汲取我们党和国家的历史经验，正确了解党和国家历史上的重大事件和重要人物。这对正确认识党情、国情十分必要，对开创未来也十分必要，因为历史是最好的教科书。"[②]只有具备历史思维能力，才能明白我们是谁、我们从哪里来、我们往何处去。

辩证思维能力，就是承认矛盾、分析矛盾、解决矛盾，善于抓住关键、找准重点、洞察事物发展规律的能力。习近平在福建宁德工作时强调，切不可物质上脱贫了，精神上却愚昧了。因此，在推进当地经济工作的同时，他着力挖掘宁德的民族地域文化，经济文化两手抓，运用辩证思维谋划经济社会发展，取得非常明显的成效。党的十九大结合新时代发展要求作出重大战略判断，提出我国社会主要矛盾已转化为人民日益增长的美好生活需要和不平衡不充分的发展之间的矛盾，但是这些变化并没有改变我国仍长期处于社会主义初级阶段的基本事实。这一科学判断正确反映了中国特色社会主义在现阶段"变"与"不变"的辩证关系，体现的正是马克思主义的辩证思维。

系统思维能力，就是运用系统观念把握问题，努力把握经济社会

---

① 《十八大以来重要文献选编》(上)，中央文献出版社2014年版，第694页。
② 《习近平谈治国理政》第1卷，外文出版社2018年版，第405页。

发展大逻辑、大趋势的能力。要站在时代发展前沿进行观察和思考，根据实际条件，增强预见性、前瞻性，从整体性着眼，准确把握发展趋势，形成能够经得起实践检验的原则。深刻理解统筹兼顾、整体推进、形成合力的方法论要义，要对矛盾、问题了然于胸，深思牵一发而动全身的问题，在危机中育先机、于变局中开新局，谋势而动、顺势而为、应势而变，在解决具体问题中提高工作效能。

创新思维能力，就是破除迷信、超越陈规，善于因时制宜、知难而进、开拓创新的能力。当今世界，创新已经成为引领社会进步的主要力量。只有善于运用创新思维，才能紧跟时代的步伐，更好地回应和解决时代发展所提出的新问题。党的十九大号召全党："一定要登高望远、居安思危，勇于变革、勇于创新，永不僵化、永不停滞，团结带领全国各族人民决胜全面建成小康社会，奋力夺取新时代中国特色社会主义伟大胜利。"[1]提高创新思维能力，要求人们从根本上打破迷信经验、迷信本本、迷信权威的惯性思维，破除因循守旧、思想僵化、形式主义和无所作为，以敢为人先的锐气，勇于开拓创新，在把握事物发展规律的基础上实现变革和创新。

法治思维能力，就是增强尊法学法守法用法意识，善于运用法治方式治国理政的能力。2020年11月，中央全面依法治国工作会议上首次系统提出并正式确立了习近平法治思想，其中对领导干部这一"关键少数"提出明确要求："带头尊崇法治、敬畏法律，了解法律、掌握法律，不断提高运用法治思维和法治方式深化改革、推动发展、

---

[1]《中国共产党第十九次全国代表大会文件汇编》，人民出版社2017年版，第2页。

化解矛盾、维护稳定、应对风险的能力"①。提高法治思维能力，要求增强法治观念，尊崇和遵守宪法法律，做到在法治之下、而不是法治之外、更不是法治之上想问题、作决策、办事情，自觉在法治轨道上运用法治思维和法治方式深化改革、推动发展、化解矛盾、维护稳定。

底线思维能力，就是客观地设定最低目标，立足最低点争取最大期望值的能力。毛泽东对底线思维作过精练准确的概括，即"要在最坏的可能性上建立我们的政策"②。反映在实践上，在抗战胜利后的重庆谈判中，以毛泽东为主要代表的共产党人坚守党和人民根本利益不容侵犯的底线，"人民的武装，一支枪、一粒子弹，都要保存，不能交出去"③。提高底线思维能力，要求善于运用底线思维的方法，居安思危、未雨绸缪，凡事从最坏处着眼、向最好处努力，打有准备、有把握之仗，牢牢把握工作主动权，着力防范化解重大风险。

第六节 必须坚持胸怀天下

中国共产党是为中国人民谋幸福、为中华民族谋复兴的党，也是为人类谋进步、为世界谋大同的党。要拓展世界眼光，深刻洞察人类发展进步潮流，积极回应各国人民普遍关切，为解决人类面临的共同

---

① 《习近平著作选读》第2卷，人民出版社2023年版，第387页。
② 《毛泽东文集》第3卷，人民出版社1996年版，第388页。
③ 《毛泽东思想年编（一九二一——一九七五）》，中央文献出版社2011年版，第463页。

问题作出贡献，以海纳百川的宽阔胸襟借鉴吸收人类一切优秀文明成果，推动建设更加美好的世界。

胸怀天下，是马克思主义的内在要求。随着生产力的发展，民族局限、地域局限都会消失，这是人类社会发展的一般规律。马克思恩格斯把人类理想社会称为"自由人联合体"，并发出"全世界无产者联合起来"的号召，它们反映了马克思主义胸怀天下的价值取向，是马克思主义政党为之不懈奋斗的最高目标。

胸怀天下，是中华优秀传统文化在新时代的赓续。习近平总书记指出："中华民族历来讲求'天下一家'，主张民胞物与、协和万邦、天下大同，憧憬'大道之行，天下为公'的美好世界。"[1]中华优秀传统文化中的"大道之行，天下为公""修身齐家治国平天下""穷则独善其身，达则兼济天下"等思想，彰显了中华民族胸怀天下的大国形象。和平、和睦、和谐，是中华民族孜孜以求的理想。中国历史上曾经长期是世界上最强大的国家之一，但没有留下殖民和侵略他国的记录。所以，中国共产党始终坚持中国是世界的中国，只有在与世界各族人民互学互鉴、互通互融的过程中，中国才能实现民族复兴。

中国共产党始终坚守马克思主义政党胸怀天下的原则，继承了中华优秀传统文化的天下观。中国共产党既关注民族的利益，也关切人类的前途命运，始终从世界历史潮流、世界格局演变着眼中国问题。在抗日战争时期，积极推动世界各国加入反法西斯斗争。在"抗美援朝、保家卫国"中，中国人民挺身而出，为人类和平与正义事业慷慨

---

[1]《习近平外交演讲集》第2卷，中央文献出版社2022年版，第86—87页。

献身。改革开放后，中国共产党主动实行开放政策，以对外开放促进改革，积极参与经济全球化进程，形成全方位、多层次、宽领域的全面开放新格局，为推动人类共同发展作出贡献。党的十八大以来，中国共产党创造性提出并积极推动构建人类命运共同体，积极促进"一带一路"国际合作，推进全球治理体系变革，旗帜鲜明反对霸权主义和强权政治，为世界和平与发展不断贡献中国智慧、中国方案、中国力量。在建党百年之际，如期实现全面建成小康社会战略目标，打赢脱贫攻坚战。在实现了第一个百年奋斗目标的同时，为世界减贫作出重大贡献，更好地推动全球贫困治理。

在新时代，中国共产党坚持胸怀天下的原则，在汲取一切人类文明优秀成果的基础上，不断推进中国式现代化，为解决人类面临的共同问题提供新思路、新方案，不断拓展人类现代化路径，创造人类文明发展新形态。

■ 由中国成都首发至俄罗斯圣彼得堡的中欧班列抵达圣彼得堡舒沙雷火车站

第十章

用习近平新时代中国特色社会主义思想武装起来　全面推进乡村振兴战略

我国是农村人口占比较高的世界人口大国，实现中华民族伟大复兴，最艰巨最繁重的任务依然在农村，最广泛最深厚的基础依然在农村。"民族要复兴，乡村必振兴""中国要强，农业必须强；中国要美，农村必须美；中国要富，农民必须富"。① 新时代，以习近平同志为核心的党中央着眼党和国家事业全局，在认真总结农业农村发展历史性成就和历史性变革的基础上，准确研判经济社会发展趋势和乡村演变发展态势，提出了乡村振兴战略，充分体现了党中央对新时代我国社会主要矛盾转化的准确把握，充分体现了党中央对广大人民群众内心渴求的深刻洞察，在我国"三农"发展进程中具有划时代的里程碑意义。

---

① 习近平：《论"三农"工作》，中央文献出版社2022年版，第38、198页。

新思想进乡村

第一节 乡村振兴战略的由来

由于我国是一个人口和农业大国，我们党历来高度重视"三农"工作，在不同的历史时期提出过不同的发展战略。党的十六大提出统筹城乡经济社会发展，建设现代农业，发展农村经济，增加农民收入；党的十七大提出以工促农、以城带乡，形成城乡经济社会发展一体化新格局；党的十八大提出推动城乡发展一体化，促进城乡共同繁荣。进入新时代，我们党又提出乡村振兴战略，加快建设农业强国，这是我国长期以来农业和农村发展由量变到质变、由渐进性变革到革命性变革的历史必然，也是我们党决胜全面建成小康社会、全面建设社会主义现代化强国的历史必然。

一、实施乡村振兴战略是新时代我们党对"三农"工作作出的战略导向调整

随着新时代经济社会的不断发展，我国经济总量跃居世界第二，成为世界第一进出口贸易大国和外汇储备大国，成为世界第一工业制造业大国，粮食、肉类、水产品产出量世界第一，这些都为实施乡村振兴战略提供了坚实的物质基础。同时，进入新时代我国社会主要矛盾已经转化为人民日益增长的美好生活需要和不平衡不充分的发展之间的矛盾，其中城乡发展不平衡、农村发展不充分是矛盾的突出表

现。把"三农"工作作为全党工作的重中之重,加快补齐农业农村短板,大力实施乡村振兴战略是我们党应对新时代社会主要矛盾转化,对"三农"工作作出的重大战略导向调整。

二、实施乡村振兴战略是新时代我们党对"两个一百年"奋斗目标战略节点中乡村建设和发展的总体安排

党的十八大发出了向实现"两个一百年"奋斗目标进军的时代号召,党的十九大对全面建设社会主义现代化强国作出了"两个阶段"的总体部署。第一个百年奋斗目标,在中国共产党成立100年时全面建成小康社会,乡村振兴取得重大进展,城乡融合的体制机制和政策体系基本建立。第二个百年奋斗目标,前15年(2020—2035年)基本实现社会主义现代化,乡村振兴取得决定性进展,农业农村现代化目标基本实现;后15年(2035年—21世纪中叶)全面建成社会主义现代化强国,乡村振兴全面实现。实施乡村振兴战略是建设农业强国的核心举措,其战略定位、目标任务同实现中华民族伟大复兴、在21世纪中叶建成富强民主文明和谐美丽的社会主义现代化强国的历史使命高度一致。

三、实施乡村振兴战略是我们党对新时代"三农"工作作出的系统性全方位部署

脱贫攻坚取得胜利后,我国全面推进乡村振兴,这是"三农"工作重心的历史性转移。乡村振兴战略覆盖了农村经济、政治、文化、社会、生态文明建设以及党建,是一项长期性、系统性工程。在目

标任务上,"产业兴旺、生态宜居、乡风文明、治理有效、生活富裕"20字总要求凸显了生产、生活、生态的统筹安排,是"五位一体"总体布局在乡村发展上的具体化表现,它们紧密联系、相互促进,共同构成了一个有机统一的整体。在实施路径上,统筹产业、人才、文化、生态、组织五大振兴,走城乡融合、共同富裕、质量兴农、绿色发展、文化兴盛、乡村善治和中国特色减贫七条中国特色乡村振兴道路。目标清晰、任务完整,囊括了农业农村工作的方方面面,是新时代做好"三农"工作的总抓手。

四、实施乡村振兴战略是我们党为解决"三农"问题作出的革命性彻底性方案

进入21世纪以来,我们通过以城带乡、以工促农,在一定程度上避免了工农差距、城乡差距的不断扩大。但是长期以来城乡二元体制机制根深蒂固,农业农村农民发展滞后,特别是农村现代化进程跟不上城市现代化进程,一些农村地区出现劳动力人口锐减、基础设施衰败、发展后劲不足等迹象。乡村振兴战略的革命性,在于摆脱传统工业化、城镇化主导模式,重新赋予"三农"新的功能定位。乡村振兴不是单一的农业现代化,而是由关注农业向关注农民、农村全面延伸;彻底破除长期存在的城乡二元机制,系统推进城乡、工农融合发展;构建农村现代化精细产业形态,致力于有乡愁,看得见山、望得见水的乡村建设。

第二节　乡村振兴战略的构架

在走向国家现代化进程中，实现乡村振兴，解决城乡发展不平衡、农业农村发展不充分问题的程度，决定着我国全面建设社会主义现代化国家的成色和质量。组织实施乡村振兴战略，必须深入贯彻习近平新时代中国特色社会主义思想，加强顶层设计，增强责任感和使命感，以更有力的举措、汇聚更强大的力量来推进。

一、乡村振兴战略的总体要求

"产业兴旺、生态宜居、乡风文明、治理有效、生活富裕"是乡村振兴战略五个方面20字总要求，与经济、政治、文化、社会和生态文明建设"五位一体"总体布局相呼应，为振兴乡村指明方向。

产业兴旺是实施乡村振兴战略的重点。乡村振兴能否实现，取决于乡村的经济基础和生产力的发展好坏，取决于乡村第一、二、三产业是否兴旺发达。一方面，要继续坚持以农业生产为基础，注重质量兴农，发展现代化农业，提升农业的综合效益和竞争能力。另一方面，要充分发挥与农业相关产业的辐射带动作用，发展新业态，着力推动农村第一、二、三产业融合发展，扩大农村收益来源。

生态宜居是实施乡村振兴战略的关键。"绿水青山就是金山银山"，良好的生态环境是农村最大的优势和宝贵财富。乡村振兴战略

■ 水稻秧苗管理

的目的在于打造"望得见山、看得见水、记得住乡愁"的美丽乡村。生态宜居不仅包含"村容整洁"的内容,而且突出强调人与自然和谐共生,是一个由表及里、由物及人的过程。开展美丽乡村建设,既能实现产业生态化、生活宜居化,还有利于吸引优秀人才、先进农业生产技术以及资本等乡村振兴所需的关键要素流向农村,进而带动和孵化一批超越传统农业的现代高附加值农业,如现代观光农业、有机生态农业、乡村生态旅游产业等。

乡风文明是实施乡村振兴战略的保障。乡风文明既是中华民族文明史的主体,也是农村精神家园的底色,更是我们实现现代化强国所要追求的目标。乡风文明是乡村文化的重要载体,新时代的乡风文明除了包括现代文明的全部要素外,对提升农民的思想道德水平提出更多内容、更高标准,是促进农村社会全面进步的必然要求。乡风文明是乡村振兴的灵魂，可以为乡村产业发展提供具有更高精神素养和智力保障的基础性人才，有助于形成精神层面的宜居生活，有助于提升乡村社会治理效能，有助于推动生活富裕目标的早日实现。

治理有效是实施乡村振兴战略的基础。我国乡村地区面积广大、人口基数庞大，乡村治理情况错综复杂，从"管理民主"到"治理有效"，这是新时代提出的新要求，其中既反映了基层治理工作思路和理念的转变，又彰显了"三治"（自治、法治、德治）结合在基层治理工作中的重要性。自治是乡村治理有效的重要基础，要在始终坚持党对"三农"工作领导的基础上，充分激发农民自治内生动力，不断完善以村"两委"为核心的农村基层治理体系建设。走法治化道路是增强乡村治理能力的治本良方，要坚持法治为本，树立依法治理理念，把乡村各项工作纳入法治化轨道，建设新时代法治乡村。德治是乡村

■ 内蒙古苏尼特右旗乌兰牧骑队员在牧区演出

治理有效的有力支撑，必须创新乡村治理体系，以乡村传统伦理道德规范为乡村社会治理的基本规范，实现以德治为引领的乡村有效治理。

生活富裕是实施乡村振兴战略的根本。习近平总书记指出："农业农村工作，说一千、道一万，增加农民收入是关键。"[①]生活富裕就是要让农民有持续稳定的收入来源，经济宽裕，衣食无忧，生活便利，共同富裕。从"生活宽裕"升级为"生活富裕"，一字之差既体现了多年来我国城乡收入差距缩小的良好态势，同时也强调了在全面建设社会主义现代化强国道路上"一个都不能少"的决心。把"生活富裕"放在总要求的最后，既突出了目标导向，也突出了新时代解决"三农"问题的高标准和高要求。实现生活富裕，要坚持在发展中保障和改善民生，不断拓宽农民增收渠道，促进社会公平正义，实现全体劳动人民共同富裕。

二、实施乡村振兴战略的基本原则

按照乡村振兴战略总要求，实施乡村振兴战略必须始终坚持七个基本原则，即坚持党管农村工作，坚持农业农村优先发展，坚持农民主体地位，坚持乡村全面振兴，坚持城乡融合发展，坚持人与自然和谐共生，坚持因地制宜、循序渐进。

一是坚持党管农村工作。"党政军民学，东西南北中，党是领导一切的。"[②]办好农村的事情，实现乡村振兴，关键在党，必须毫不动摇地坚持和加强党对农村工作的领导，健全党管农村工作领导体制机制

---

① 习近平：《论"三农"工作》，中央文献出版社2022年版，第46页。
② 《习近平著作选读》第1卷，人民出版社2023年版，第194页。

和党内法规，切实提高党把方向、谋大局、定政策、促改革的能力和定力，确保党在农村工作中始终总揽全局、协调各方，为乡村振兴提供坚强有力的政治保障。

二是坚持农业农村优先发展。"三农"问题是关系国计民生的根本性问题。习近平总书记指出，任何时候都不能忽视农业、忘记农民、淡漠农村。坚持农业农村优先发展，就是要把实现乡村振兴作为全党的共同意志、共同行动，做到认识统一、步调一致，在干部配备上优先考虑，在要素配置上优先满足，在资金投入上优先保障，在公共服务上优先安排，加快补齐农业农村短板。

三是坚持农民主体地位。农民是农业的主体，乡村发展的本质是人的发展。乡村振兴战略的实施，必须坚持农民主体地位，切实发挥农民在乡村振兴中的主体作用，调动亿万农民的积极性、主动性、创造性，把维护农民群众根本利益、促进农民共同富裕作为出发点和落脚点，促进农民持续增收，不断提升农民的获得感、幸福感、安全感。

四是坚持乡村全面振兴。乡村振兴包括产业、人才、文化、生态、组织"五大振兴"，既包括物质文明，也包括精神文明。坚持乡村全面发展，必须准确把握乡村振兴的科学内涵，挖掘乡村多种功能和价值，统筹谋划农村经济建设、政治建设、文化建设、社会建设、生态文明建设和党的建设，注重协同性、关联性，整体部署，协调推进。

五是坚持城乡融合发展。实现中华民族伟大复兴的中国梦，决不允许出现一边是繁荣的城市、一边是萧条的乡村的两极分化景象。坚持城乡融合发展，就是要坚决破除体制机制弊端，使市场在资源配置中起决定性作用，更好发挥政府作用，推动城乡要素自由流动、平等交换，推动新型工业化、信息化、城镇化、农业现代化同步发展，加快形成工农互促、城乡互补、全面融合、共同繁荣的新型工农城乡关系。

六是坚持人与自然和谐共生。人与自然和谐共生是生态文明的本质特征与核心理念，是生态文明建设的时代要求，也是实现中华民族永续发展的根本保障。坚持人与自然和谐共生，就是要牢固树立和践行"绿水青山就是金山银山"理念，落实节约优先、保护优先、自然恢复为主的方针，统筹山水林田湖草沙系统治理，严守生态保护红线，以绿色发展引领乡村振兴。

七是坚持因地制宜、循序渐进。我国农村区域广阔、类型复杂。实施乡村振兴战略，要走符合广大农村实际的路子，科学把握乡村的差异性和发展走势分化特征，做好顶层设计，注重规划先行、突出重点、分类施策、典型引路。既尽力而为，又量力而行，不搞层层加码，不搞一刀切，不搞形式主义，久久为功，扎实推进。

三、乡村振兴战略的发展目标

按照党的十九大提出的决胜全面建成小康社会、分两个阶段实现第二个百年奋斗目标的战略安排，2017年中央农村工作会议提出"走中国特色社会主义乡村振兴道路"，确定了实施乡村振兴战略"三步走"时间表。

第一步：2018—2020年，乡村振兴取得重要进展，制度框架和政策体系基本形成。此阶段重点解决乡村振兴制度框架的系统搭建和全面脱贫两个问题。先后制定出台了《中共中央 国务院关于实施乡村振兴战略的意见》《乡村振兴战略规划（2018—2022年）》《中国共产党农村工作条例》《中华人民共和国乡村振兴促进法》等文件，构建起"四梁八柱"制度框架。2020年，经过8年持续奋斗后，我们如期完成了新时代脱贫攻坚目标任务，消除了绝对贫困和区域性整体贫困，近1亿贫困人口实现脱贫，取得了令全世界刮目相看的重大胜利。

第二步：2021—2035年，乡村振兴取得决定性进展，农业农村现代化基本实现。实施好乡村振兴的第二步战略，关键要在已经确立的制度框架下坚持走好中国特色社会主义乡村振兴道路，充分运用好15年的时间，系统解决城乡关系的重塑、集体经济的实现、小农户与现代农业的衔接、生态宜居村庄的发展、乡村文化的重振、乡村治理体系的健全等重大问题。农业结构得到根本性改善，农民就业质量显著提高，相对贫困进一步缓解，共同富裕迈出坚实步伐；城乡基本公共服务均等化基本实现，城乡融合发展体制机制更加完善；乡风文明达到新高度，乡村治理体系更加完善；农村生态环境根本好转，生态宜居的美丽乡村基本实现。

第三步：2036—2050年，乡村全面振兴，农业强、农村美、农民富全面实现。在此战略阶段，乡村振兴将面临之前两个战略阶段中依然没有解决的农业农村发展中的顽疾问题，也将面对一些需要根据实际发展情况作出策略调整的局面。作为迈向乡村振兴的最后一大步，第三步需要在乡村文化、生态环境和社会治理方面进行决胜攻坚。

新思想进乡村

第三节 走中国特色社会主义乡村振兴之路

当前，实施乡村振兴战略面临农民增收难、农业农村投入资金不足、绿色发展任务艰巨、人才短缺等难点，正如习近平总书记指出："全面实施乡村振兴战略的深度、广度、难度都不亚于脱贫攻坚。"[①]新时代，要从根本上破解社会的主要矛盾，就必须坚持农业农村优先发展，建立健全城乡融合的体制机制和政策体系，走中国特色的乡村全面振兴之路。

一、重塑城乡关系，走城乡融合发展之路

现代化是由现代城市和现代乡村共同构成的，没有农村的发展，城镇化就会缺乏根基。不管城镇化发展到什么程度，农村人口还会是一个相当大的规模，即使城镇化率达到70%，也还有几亿人生活在农村。当前，我国发展不平衡不充分问题在乡村最为突出，城乡二元结构是亟待破除的最突出的结构性矛盾。

在中华民族全面复兴道路上，农业农村不能拖后腿。一是要坚持农业农村优先发展。把公共基础设施建设的重点放在农村，优先发展农村教育事业，加强农村社会保障体系建设，持续改善农村人居环

[①]《习近平关于"三农"工作的重要论述学习读本》，人民出版社、中国农业出版社2023年版，第13页。

境，逐步建立健全全民覆盖、普惠共享、城乡一体的基本公共服务体系，让符合条件的农业转移人口在城市落户定居。二是要坚决破除体制机制弊端。改变长期以来农村人才、土地、资金等要素单向流向城市的状况，疏通资本、智力、技术、管理下乡渠道，鼓励更多资源下乡投入乡村振兴，加快形成工农互促、城乡互补、全面融合、共同繁荣的新型工农城乡关系，让现代化建设成果更多更广泛地惠及广大农民群众，实现城镇与乡村相得益彰。三是要以升值农民财富为根本。当前，城市居民获得财富的途径与速度远高于农业人口。只有赋予人这个主体更多的获得权和支配权，经济活动才能更加繁荣。要尽快打通和开创农民自身财富升值的快速通道，使其像城市居民一样利用差异化资源获得更多的收入和财富，拥有自主管理财富、自主选择消费的权利，反过来进一步促进城乡要素流动和融合发展。

二、巩固和完善农村基本经营制度，走共同富裕之路

农村基本经营制度是我国改革开放取得的第一个制度性成果，共同富裕是中国特色社会主义的本质特征和根本要求，也是乡村振兴的必然要求和发展方向。乡村振兴必须坚持农村基本经营制度不动摇，这是实现共同富裕的制度基础。一是要巩固完善农村基本经营制度。落实农村土地承包关系稳定并长久不变政策，衔接落实好第二轮土地承包到期后再延长30年的政策，保持土地集体所有、家庭承包经营的基本制度长久不变，保持农户依法承包集体土地的基本权利长久不变，保持农户承包地稳定，让农民吃上长效"定心丸"。二是要深化农村集体产权制度改革。增加以完善产权制度和要素市场化配置为重点的制度性供给，

激发主体、要素和市场的活力,提升农村市场化程度,重点提高"土地"这一农村最重要、最基本生产要素的市场活力,形成所有权、承包权、经营权"三权"分置的市场格局。三是要发展多种形式适度规模经营。构建农村第一、二、三产业融合发展体系,培育新型农业经营主体和扶持小农户,强化农业社会化服务和利益联结,把小农生产引入现代农业发展轨道,全面提升农民的生产技术水平,提高农村产品档次和附加值,在深度和广度上有效拓展农民增收新空间。

三、深化农业供给侧结构性改革,走质量兴农之路

当前,我国农业的主要矛盾已由总量不足转变为结构性矛盾,矛盾的主要方面在供给侧。一是要夯实农业生产能力基础。深入实施藏粮于地、藏粮于技战略。严守18亿亩耕地红线,逐步把永久基本农田全部建成高标准农田,深入实施种业振兴行动,强化农业科技和装备支撑,健全种粮农民收益保障机制和主产区利益补偿机制,确保中国人的饭碗牢牢端在自己手中。二是要推进质量兴农战略实施。制定和实施国家质量兴农战略规划,建立健全质量兴农评价体系、政策体系、工作体系和考核体系。把增加绿色优质农产品供给摆在突出的位置,推动农业由增产导向转向提质导向,建设现代农业产业园、科技园,大力发展绿色生态健康养殖,加强农产品质量安全追溯。三是要加大对农业的科技投入。加大农业科技资金投入,在高标准农田建设、农业机械化、农业科技创新、智慧农业等方面迈出新步伐。综合运用社会资本力量,广泛吸纳私人资本投资,提高资本利用率,加大对乡村振兴各方面的资金投入。积极探索农业与现有科技成果结合方

式,如将互联网、物联网等运用于农业,推动农业高质量发展。

四、坚持人与自然和谐共生,走乡村绿色发展之路

过去,为解决农产品总量不足的矛盾,我们拼资源、拼环境、拼消耗,化肥、农药等猛往里投,采取大水漫灌生产方式,过度开发边际产能,农业农村领域生态环境欠账问题比较突出。乡村振兴,生态宜居是关键。一是要推进绿色农业发展。处理好经济发展和生态环境保护的关系,充分发挥自然资源多重效益,采取集约型、低污染、低能耗的绿色发展模式,大力发展生态产业、绿色产业、循环经济和生态旅游,实现从"卖产品"向"卖生态"转变,让更多老百姓吃上生态饭,让绿水青山真正成为兴村富民的金山银山。二是要改善农村人居环境。以建设美丽宜居村庄为导向,以农村垃圾治理、污水处理和村容村貌提升为主攻方向,开展农村人居环境整治行动。加强垃圾收运处置,实施"厕所革命",加强污水治理和饮用水水源保护。科学规划村庄建筑布局,加快农村基础设施和绿化建设,综合提升田水路林村风貌,促进村庄形态与自然环境相得益彰。三是要加强乡村生态保护与修复。统筹山水林田湖草沙系统治理,健全重要生态系统保护制度,健全生态保护补偿机制,加强农业面源污染防治,加强农村水环境治理和农村饮用水水源保护,推进土壤污染治理与修复工作,把该减的减下来、该退的退出来、该治理的治理到位。

五、传承发展提升农耕文明,走乡村文化兴盛之路

乡村文明是中华民族文明史的主体,耕读文明是我们的软实力。

新思想进乡村

实施乡村振兴，文化振兴是灵魂。一是要加强农村思想道德建设。坚持以弘扬和践行社会主义核心价值观为引领，巩固农村思想文化阵地，加强诚信道德规范建设，持续推进农村精神文明建设，提升农民精神风貌，培育文明乡风、良好家风、淳朴民风，推动乡村文化振兴，建设邻里守望、诚信重礼、勤俭节约的文明乡村，不断提高乡村社会文明程度。二是要弘扬中华优秀传统文化。坚持以传承发展中华优秀传统文化为核心，把保护传承和开发利用有机结合起来，深入挖掘农耕文化中蕴含的优秀思想观念、人文精神、道德规范，充分发挥其在凝聚人心、教化群众、淳化民风中的重要作用。立足乡村文明，吸取城市文明及外来文化优秀成果，在保护传承的基础上，创造性转化、创新性发展，不断赋予时代内涵、丰富表现形式，为增强文化自信提供优质载体。三是要丰富乡村文化生活。按照有标准、有网络、

■ 在陕西省平利县老县镇中心小学操场上，学生在参加武术社团活动

有内容、有人才的要求，健全乡村公共文化服务体系。深入推进文化惠民，为农村地区提供更多更好的公共文化产品和服务。完善群众文艺扶持机制，鼓励农村地区自办文化，活跃繁荣农村文化市场，广泛开展群众文化活动。

六、创新乡村治理体系，走乡村善治之路

乡村振兴，治理有效是基础。乡村振兴离不开稳定和谐的社会环境，稳定也是广大农民的根本利益。一方面，要进一步探究挖掘农耕文明优秀历史文化，培育良好的乡风、家风、民风；另一方面，要建立健全党委领导、政府负责、社会协同、公众参与、法治保障的社会治理体制，打造充满活力、和谐有序的善治乡村。一是要加强农村基层党组织对乡村振兴的全面领导。以农村基层党组织建设为主线，突出政治功能，提升组织力，把农村基层党组织建成宣传党的主张、贯彻党的决定、领导基层治理、团结动员群众、推动改革发展的坚强战斗堡垒。二是要促进"三治"有机结合。坚持自治为基、法治为本、德治为先，健全和创新村党组织领导的充满活力的村民自治机制，强化法律权威地位，以德治滋养法治、涵养自治，让德治贯穿乡村治理全过程，共同推动建立乡村现代社会治理体制。三是要夯实基层政权。面向服务人民群众合理设置基层政权机构、调配人力资源，不简单照搬上级机关设置模式，构建简约高效的基层管理体制。创新基层管理体制机制，改进工作方法和服务方式，不断提升乡村治理能力和水平。打造"一门式办理""一站式服务"的综合服务平台，健全农村基层服务体系，最大限度方便群众。

新思想进乡村

■ 在广西三江侗族自治县，纪检监察干部（右一、左一）在了解惠农政策落实情况

七、打好精准脱贫攻坚战，走中国特色减贫之路

乡村振兴，摆脱贫困是前提。党的十八大以来，我们以前所未有的政策力度向贫困宣战，脱贫攻坚取得了举世瞩目的伟大成就。当前，脱贫攻坚任务已经完成，全面建成小康社会如期实现，我们党带领全国人民正向第二个百年奋斗目标迈进。但是，脱贫摘帽不是终点，而是我们新生活、新奋斗的起点，脱贫摘帽后，要让人民群众过上更加美好的生活。一是要巩固拓展脱贫攻坚成果。健全防止返贫动态监测和帮扶机制，密切关注易返贫致贫人口，坚决守住防止发生规模性返贫底线。扎实做好易地搬迁后续帮扶工作，确保搬迁群众稳得住、有就业、逐步能致富。加强扶贫项目资产管理和监督，确保其持续发挥作用。二是要接续推进脱贫地区乡村振兴。深刻把握巩固脱

贫攻坚成果同全面推进乡村振兴的关系，找准工作定位，用乡村振兴统揽新时代"三农"各项工作，做好领导体制、工作体系、发展规划、政策举措、考核机制等有效衔接，加快推进脱贫地区乡村全面振兴。三是要加强农村低收入人口常态化帮扶。以现有社会保障体系为基础，对农村低收入人口开展动态监测，分层分类落实帮扶措施。对有劳动能力的，坚持开发式帮扶，激发其内生发展动力。对丧失劳动能力且无法通过产业就业获得稳定收入的，织密兜牢基本生活保障底线，做到应保尽保、应兜尽兜。

全面建设社会主义现代化，最艰巨最繁重的任务在农村，最广泛最深厚的基础在农村，最大的潜力和后劲也在农村。我们要坚持以习近平新时代中国特色社会主义思想为指导，深刻认识实施乡村振兴战略的重大意义，强化制度供给、人才支撑和投入支持，坚持和完善党对"三农"工作的领导，以更大的决心、更明确的目标、更有力的举措，推动农业全面升级、农村全面进步、农民全面发展，走中国特色社会主义乡村振兴道路，谱写新时代乡村全面振兴新篇章。

后　　记

　　全面推进乡村振兴，是以习近平同志为核心的党中央从中国式现代化建设全局出发、顺应人民群众对美好生活的向往作出的重大决策，是全面建设社会主义现代化国家的重大历史任务。农民作为乡村振兴的主体和受益者，在实施乡村振兴战略伟大实践中，我们要引导广大农民群众，深入学习贯彻习近平新时代中国特色社会主义思想，努力把所思、所想、所得提炼总结并转化为做好"三农"工作的内生动力和有效方法。

　　《新思想进乡村》一书，用明白易懂而为农民所能够接受的道理和办法推进习近平新时代中国特色社会主义思想在乡村落地生根。在编写过程中，既注重对习近平新时代中国特色社会主义思想科学体系准确性、完整性的把握，又注重对教育对象学习特点、关切内容、表现形式的凸显。在广泛征求各方面意见的基础上，本书现编写完成并正式出版。

　　《新思想进乡村》一书，作为中共中央党校（国家行政学院）牵头的横向科研课题，得到了中国乡村发展基金会、中国民生银行的高度重视和积极参与。它们多次向编写者分享自身在乡村振兴工作中的典型案例，为本书的编写提供了丰富素材和许多宝贵意见。

  本书在编写和出版过程中得到了中共中央党校（国家行政学院）科研部和中共中央党校出版社的大力支持，在此表示衷心感谢。书中如有不足之处，敬请广大读者予以指正。

本书编委会
2024年6月